SKL Concept

Papa tu m'as dit

Qu'il nous soit fait selon Ta Parole
Je te fais confiance

Livret 4
**Donne-nous aujourd'hui notre pain
quotidien**

Rassemblés / Auteur par : SKL Concept

issuemedias@issueassociation.com

ISBN : 978-2-9578843-6-0

MOT DE L'AUTEUR

Disciple de Jésus-Christ, le Saint-Esprit m'a inspiré et m'a mis à cœur de rassembler un certain nombre de versets pour l'édification de mes frères et sœurs.

Ce livre est pour l'édification du corps de Christ.

Ce livre ne doit en aucun cas remplacer la Bible qui est la source d'où est puisée cette révélation.

Ce que vous allez découvrir dans ce livre vous servira au quotidien dans vos moments d'intimité initiés et conduits par le Saint Esprit par la seule grâce du Père.

Les citations bibliques utilisées sont tirées des versions suivantes :

Louis Segond - Parole de Vie - Darby - Parole Vivante - Martin - Bible en Français Courant - Bible de Jérusalem - Nouvelle Bible Segond - La Bible du Semeur.

ACTIONS DE GRÂCE

Je rends grâce à Dieu, qui dans Son Amour m'a sauvé, affranchi et associé à Lui dans Son Œuvre.

Je rends grâce à Dieu, pour la vie de ma femme et de mes enfants. Je rends grâce à Dieu pour l'œuvre du Saint-Esprit dans les différents ministères repartis dans le monde, pour leur travail qui nous nourrit spirituellement.

Je rends grâce à Dieu, pour les merveilleuses personnes qui ont participé à cette œuvre.

Il m'est impossible de tous les citer mais je ne saurai taire certains noms : le couple Sénécal, pour le temps investi dans la lecture du manuscrit.

Je rends grâce à Dieu, pour la vie de chaque lecteur et de chaque lectrice

L'utilisation de ces Livrets vous enrichira spirituellement, vous ne serez plus la même personne : sûrement meilleure qu'auparavant.

AVANT PROPOS

70% de notre vie sont dirigés par nos pensées qui nous donnent une direction.

Notre cerveau possède un pouvoir étonnant, celui de jongler avec nos émotions, avec une facilité déconcertante.

Et quand la situation que nous vivons nous déplait, les idées négatives se mettent à fuser dans tous les sens à l'intérieur de notre tête. C'est le genre de choses qui nous maintient la tête sous l'eau, parfois pendant des heures, ou pire encore, des jours entiers.

Tout ce temps est perdu à jamais. Alors qu'il aurait pu être utilisé de façon bien plus efficace ou agréable.

Face aux circonstances que vous vivez actuellement dans votre vie, décidez aujourd'hui d'appeler à l'existence ce que vous voulez voir arriver dans votre vie, à cours, moyen et long terme et, attendez-le en persévérant.

Que tout ce qui est vrai, tout ce qui est honorable, tout ce qui est juste, tout ce qui est pur, tout ce qui est aimable, tout ce qui mérite l'approbation, ce qui est vertueux et digne de louange, soit l'objet de vos pensées. Philippiens 4 : 8

Soyons transformés par le renouvellement de notre intelligence ; exerçons-nous à penser et à parler selon la Parole de Dieu. Que la révélation de la Parole dans cette série des livrets « Papa tu m'as dit », nous fasse entrer chacun de nous dans sa destinée ici et pour l'éternité.

TABLE DES MATIERES

INTRODUCTION

Pourquoi ma souffrance est-elle continuelle ? Pourquoi ma plaie est-elle douloureuse, et ne veut-elle pas se guérir ?

Nous avons comme réflexe face aux difficultés de la vie, de rabâcher nos pensées négatives, de nous plaindre, de raconter nos malheurs à ceux qui nous entourent pour tenter de trouver du soutien.

En agissant ainsi nous semons des paroles et attirons le négatif. Comme des graines, les paroles sont semées et ensuite elles prennent vie tôt ou tard.

Papa tu m'as dit, qu'il nous soit fait selon Ta Parole.

Serais-tu pour moi comme une source trompeuse,
Comme une eau dont on n'est pas sûr ?

Les miracles ne sont pas des accidents dans notre vie. Ce sont les réponses de notre Père à notre obéissance de la Foi. L'obéissance engage notre Père à accomplir Sa Parole.

La Parole de notre Père s'applique à quiconque la reçoit et y croit (Matthieu 7 : 24). Elle s'adresse à chacun de nous personnellement.

Quand la vie est trop dure, vous ne savez plus quoi faire, qui appeler, où regarder, la seule chose qui vous reste à faire pour sortir de ce tourment : s'exercer à voir les événements selon la perspective de notre Père et non selon la perspective humaine.

La relecture, la répétition de ces livrets stimuleront votre mémoire. Elles vous permettront de retenir les paroles qui vous aideront à faire face aux tourments de la saison que vous vivez actuellement.

Cherchons notre Père Amour qui se trouve dans Sa Parole.

Offrez la série des livrets **Papa tu m'as dit** à une personne autour de vous. Par ce geste vous pouvez :

- Devenir la réponse à un souhait, une prière, un désir ;

- Illuminer la vie de cette personne ;

- Saisir une opportunité de contribuer à diffuser la parole de Dieu et à transformer des vies.

C'est pourquoi encouragez-vous les uns les autres et aidez-vous mutuellement à grandir dans la foi, comme vous le faites déjà. 1 Thessaloniciens 5 :11

A SAVOIR

Au commencement était la Parole, et la **Parole était** avec Dieu, et la **Parole était** Dieu. Toutes choses ont été faites par elle, et rien de ce qui a été fait n'a été fait sans elle.

Le Dieu qui a créé toutes choses, l'omniprésent, l'omniscient et l'omnipotent, et qui est à l'origine de l'univers est notre Père.

Nous sommes l'argile, et c'est notre Père qui nous a formés, Nous sommes l'ouvrage de ses mains.

Notre Père se révèle sous différents noms qui décrivent, démontrent les multiples facettes de son caractère et de sa puissance :

Dieu, l'Eternel, le Créateur, le Seigneur, le Tout-Puissant, le Roi des Rois, le Fidèle, le Véritable, la Parole, l'Amour, le Sauveur…

Je serai pour vous un père, Et vous serez pour moi des fils et des filles, Dit le Seigneur tout-puissant.
2 Corinthiens 6 : 18

Je vous invite à observer la nature, le lien entre un père ou une mère avec son enfant : si vous arrivez à comprendre ce lien, alors vous pourrez effleurer la dimension de l'immense Amour que notre Père a pour nous.

Chaque père responsable désire le meilleur pour ses enfants. Les enfants eux, veulent vivre des expériences qui ne sont pas sans conséquences.

Le Père responsable espère que ses enfants garderont ses bons conseils pour qu'ils leur soient utiles dans la vie. Il est prêt à faire de son mieux pour garantir une belle vie à ses enfants.

Si donc, méchants comme nous sommes, nous savons donner de bonnes choses à nos enfants, à combien plus forte raison notre Père qui est dans les cieux nous donnera de bonnes choses à nous qui les lui demandons. Matthieu 7 : 11

Nous n'étions qu'une masse informe, mais tu nous voyais et, dans ton registre, se trouvaient déjà inscrits, tous les jours que tu nous avais destinés alors qu'aucun d'eux n'existait encore. Psaume 139 : 16

Notre Père, dans sa souveraineté et sa miséricorde nous fait la grâce de pouvoir nous approcher de lui par sa Parole et de vivre sa Parole. En effet**, le but de la révélation de Dieu est de susciter en nous « la foi en Lui, notre adoration et reconnaissance ».**

La balle est dans notre camp, rapprochons-nous de notre Père pour que dans nos vies, il nous soit fait selon sa Parole.

Aussi la création attend-elle avec un ardent désir la révélation de nous les fils de Dieu. Romains 8 : 19

Prophétisons et changeons le cours de nos vies par la Parole.

Prophétiser

C'est parler l'avenir par **inspiration divine** : ce qui doit arriver, en annonçant la réalité de la Parole de Dieu qui est préparée d'avance pour nous.

Moi, le Seigneur, je connais les projets que je forme pour vous. Ce ne sont pas des projets de malheur, mais des projets de bonheur. Je veux vous donner un avenir plein d'espérance. Jérémie 29 : 11

Mon peuple est détruit parce qu'il lui manque la connaissance. Osée 4 : 6

Car nous sommes son ouvrage, ayant été créés en Jésus-Christ pour de bonnes œuvres, que Dieu a préparées d'avance, afin que nous les pratiquions. Éphésiens 2 : 10

Parler

Qu'il ne sorte de votre bouche aucune parole mauvaise… Éphésiens 4 : 29

Parler c'est prononcer, déclarer, annoncer, dire quelque chose.

Au commencement était la Parole, et la Parole était avec Dieu, et la Parole était Dieu. Jean 1 : 1

Dieu libère de la puissance par Sa parole. Il n'a jamais rien fait sans d'abord le dire. Dieu accorde de l'importance aux mots. Les mots sont spirituels ; ils ont du pouvoir.

La mort et la vie sont au pouvoir de la langue ;
Quiconque l'aime en mangera les fruits.
Proverbes 18 : 21

De la même bouche sortent la bénédiction et la malédiction. Il ne faut pas, mes frères, qu'il en soit ainsi.
Jacques 3 : 10

Les paroles que nous prononçons sont d'une importance vitale pour nos vies. La Parole de Dieu est faite pour être pratiquée. Il y a une puissance créative dans la parole. Dieu utilisa des mots pour créer le ciel et la terre.

Dieu dit : Je veille sur ma parole pour l'exécuter ;
Jérémie 1 : 12

Tel il est, tels nous sommes aussi dans ce monde : c'est en cela que l'amour est parfait en nous…
1 Jean 4 : 17

Nous sommes des êtres spirituels.

Ceux, en effet, qui vivent selon la chair, s'affectionnent aux choses de la chair, tandis que ceux qui vivent selon l'esprit s'affectionnent aux choses de l'esprit.
Romains 8 : 4

Dieu annonçant l'arrivée du Messie, Jésus-Christ, Cela avait été prophétisé sur des centaines, même des milliers d'années. "Il vient. Il vient" Tout portait à croire que cela ne pourrait jamais s'accomplir ; mais Il continuait à l'annoncer.

Dieu prononça la Parole, encore et encore la Parole, et : la Parole s'est faite chair. Jean 1 : 14

Il en est ainsi pour toi. Ne cesse pas de déclarer ce que notre Père a dit pour ta vie. Et quand surviennent des problèmes, des tourbillons, prononce les paroles que Dieu t'a données.

Tes paroles prophétiques et de foi d'aujourd'hui ont comme mission d'activer la puissance de la Parole de Dieu dans ta vie.

Aussi longtemps que tu ne décides pas d'allumer l'interrupteur qui est ta bouche pour confesser la Parole de Dieu, le courant ne passera pas. La parole provoque la foi.

Tu deviens ce que tu crois.

Proclame avec foi ce que tu veux voir arriver dans ta vie et attends-le en persévérant.

ENCOURAGEMENT

Qui veille sur ses paroles préserve sa vie, mais celui qui ouvre grand la bouche court à sa ruine. Proverbes 13 : 3

Parfois notre bouche en dit bien plus qu'elle ne devrait. Combien de fois avons-nous regretté ce que nous avons dit ?

Nous devrions faire attention et prendre le temps de réfléchir avant de parler.

Déclarer les paroles de notre Père au quotidien tout au long de notre existence nous permet d'entrer dans la destinée que Dieu a pour nous.

Notre Père nous dit qu'il veille sur Sa Parole pour son accomplissement car il connaît les projets qu'il a formés pour chacun de nous. L'Eternel, notre Papa, a des projets de paix et non de malheur, afin de nous donner un avenir et de l'espérance.

Il n'y a pas de date de péremption à la Parole de Dieu.

Ainsi en est-il de Sa Parole que nous proclamons, qui sort de notre bouche : Elle ne retourne point à notre Père sans effet, sans avoir exécuté sa volonté et accompli Ses desseins.

LE CHOIX

Semons la parole de notre Père par des déclarations et nous vivrons certainement ses effets. Faisons le choix de semer la Parole de notre Père tous les jours, dans chaque situation, il est important de nous appuyer sur elle, la proclamer jour et nuit. Jusqu'à ce qu'elle devienne la seule conviction et réalité, rien d'autre. C'est à ce moment-là exactement que vous déclencherez votre miracle.

Il ne douta point, par incrédulité, au sujet de la promesse de Dieu ; mais il fut fortifié par la foi, donnant gloire à Dieu, et ayant la pleine conviction que ce qu'il promet il peut aussi l'accomplir. Romains 4 : 20-21

Car c'est une prophétie dont le temps est déjà fixé, Elle marche vers son terme, et elle ne mentira pas ; si elle tarde, attends-la, car elle s'accomplira, elle s'accomplira certainement. Habacuc 2 : 3

Retenons fermement la profession de notre espérance, car celui qui a fait la promesse est fidèle.
Hébreux 10 : 23

Un des moyens le plus efficace de veiller soigneusement sur nos cœurs, car il est à la source de tout ce qui fait notre vie. Proverbes 4 : 23

Goûtons et voyons combien notre Père est bon ! Oui, heureux l'homme qui trouve son refuge en lui.
Psaume 34 : 9

RECOMMANDATION

Certaines paroles que Dieu nous a données par amour sont tellement connues, devenues familières que nous les lisons presque par habitude sans réellement en chercher le sens, ni y croire.

Ne répétons pas comme une récitation la Parole, recherchons à semer la Parole fraîche, dynamique et vivante de notre Père, la remuer en nous, la digérer, jusqu'à ce que la conviction fasse naître la foi, l'adoration, la reconnaissance, des louanges.

Approprions-nous la parole de notre Père avec le je, tu, nous. Pour que cette parole devienne réalité, appliquons-nous à cela spécifiquement dans notre quotidien.

Ces paroles vont prendre corps pour notre témoignage.

Nous avons tous l'intention d'abattre le mur qui se trouve devant nous et nous empêche d'avancer. Il nous faut plusieurs coups de masse (Parole) afin d'en arriver à bout.

Prononçons la Parole, encore et encore la Parole, comme la chanson que nous apprécions et : la Parole se fera chair.

Que la Parole de Dieu ne s'éloigne pas de nos bouches ; méditons la jour et nuit pour nous y conformer de façon régulière, déclarons-la et mettons la en pratique c'est alors que nous expérimenterons le plan parfait, mènerons à bien nos entreprises, c'est alors que nous réussirons.

Pour accéder aux merveilles et miracles de la Parole de notre Père dans notre vie, il nous faut naître de nouveau (accepter, reconnaître Jésus comme Seigneur et Sauveur) et avoir la ferme intention de demeurer dans Sa Parole.

Au début ce n'est pas facile de faire des déclarations pour déclencher nos témoignages :

Laissez-vous porter par une sainte colère soyez déterminé. Je ne te laisserai pas aller avant que tu ne m'aies béni Père. Genèse 32 : 26

Créez-vous une habitude matin, midi et soir (avant de s'endormir) pendant 7 jours les paroles qui correspondent à votre saison ; recevez et croyez seulement. Vous déclencherez ainsi vos miracles.

A chaque parole déclarée, appliquons la Puissance du sang de Jésus-Christ et qu'il nous soit fait selon la Parole de notre Père.

Selon la conduite du Saint-Esprit, à chaque fois que nous le pouvons, renouvelons l'alliance avec le Père en prenant le corps et le sang de Jésus-Christ et, par la même occasion bâtissons un autel pour sceller notre exaucement.

Renouvelons l'alliance à chaque fois que le Saint-Esprit nous le met à cœur.

Jésus leur dit : En vérité, en vérité, je vous le dis, si vous ne mangez pas le corps du Fils de l'homme et si vous ne buvez pas son sang, vous n'avez pas la vie en vous-mêmes.

Celui qui mange mon corps et qui boit mon sang a la vie éternelle, et moi, je le ressusciterai le dernier jour. En effet, mon corps est vraiment une nourriture et mon sang est vraiment une boisson. Jean 6 : 53-55

L'autel est l'expression de notre adoration et de la reconnaissance que nous exprimons à notre Père.

Par notre consécration nous devenons nous-mêmes une expression d'adoration.

Je vous exhorte donc, frères, par les compassions de Dieu, à offrir vos corps comme un sacrifice vivant, saint, agréable à Dieu, ce qui sera de votre part un culte raisonnable. Romains 12 : 1

Par lui, offrons sans cesse à Dieu un sacrifice de louange, c'est-à-dire le fruit de lèvres qui confessent son nom. Hébreux 13 : 15

L'expression de la reconnaissance c'est par le sacrifice d'action de grâces. Nous allons joindre nos paroles de remerciements aux actes.

Une façon bien plus pratique de poser un acte, agir pour réveiller la mémoire de Dieu en provoquant ainsi la manifestation de sa faveur. Ésaïe 43 : 26

Bâtir l'autel est une opportunité unique que Dieu nous donne de semer et de récolter plus que ce que nous avons semé. Nous semons en réalité pour nous-mêmes non pour Dieu.

Que chacun donne comme il l'a résolu en son cœur, sans tristesse ni contrainte ; car Dieu aime celui qui donne avec joie. 2 Corinthiens 9 : 7

Cette offrande va se matérialiser sous différentes formes selon la conduite du Saint-Esprit :

En prenant soin de la veuve et de l'orphelin, de l'étranger et du pauvre, en faisant un don ou en soutenant des organismes, des associations d'aide, des médias qui diffusent et valorisent la parole de Dieu, en offrant la Bible ou des livres édifiants, dans ton lieu de culte, auprès d'un serviteur de Dieu dont tu reconnais les actions en conformité avec la parole de Dieu.

Tu m'élèveras un autel de terre, sur lequel tu offriras tes holocaustes et tes sacrifices d'actions de grâces, tes brebis et tes bœufs.

Partout où je rappellerai mon nom, je viendrai à toi, et je te bénirai. Exode 20 : 24

L'Éternel apparut à Abram, et dit : Je donnerai ce pays à ta postérité. Et Abram bâtit là un autel à l'Éternel, qui lui était apparu. Genèse 12 : 7

Apprenez à faire le bien, recherchez la justice, protégez l'opprimé ; faites droit à l'orphelin, défendez la veuve. Ésaïe 1 : 17

Bénissons l'Eternel, notre Père en tout temps ; que sa louange soit toujours dans nos bouches. Psaume 34 : 2

Nous demandons, et nous ne recevons pas, parce que nous demandons mal, dans le but de satisfaire nos passions. Approprions-nous les Paroles de notre Père.

Créons une atmosphère ou simplement disposons-nous avant de commencer à prophétiser. Invitons ainsi le Saint Esprit dans le nom de Jésus-Christ, car nous ne savons pas ce qu'il nous convient de (parler) demander dans nos prières. Mais l'Esprit lui-même intercède par des soupirs inexprimables ;

SUR TA PAROLE ! Déclarez la Parole puis parlez en langue ou parlez avec l'intelligence selon que le Saint-Esprit vous conduit. Car notre Père connaît les mots exacts profonds de nos cœurs, de quoi nous avons besoin, avant que nous le lui demandions.

Voici donc comment nous devons prier :
Notre Père céleste ! Que la sainteté de ton nom soit respectée, que ton règne vienne, que ta volonté soit faite sur la terre comme au ciel.

Donne-nous aujourd'hui notre pain quotidien ; pardonne-nous nos offenses, comme nous aussi nous pardonnons à ceux qui nous ont offensés ; ne nous expose pas à la tentation, mais délivre-nous du mal, car c'est à toi qu'appartiennent, dans tous les siècles, le règne, la puissance et la gloire. Amen !

Ainsi en est-il de Sa parole, qui sort de notre bouche : Elle ne retourne point au Père sans effet, Sans avoir exécuté Sa volonté et accompli Ses desseins.
Ésaïe 55 : 11

Les paroles que tu nous dis sont esprit et vie.
Jean 6 : 63

Nous recevons, déclarons Tes paroles au nom de Jésus-Christ notre Sauveur et Seigneur.

Livret 4
Donne-nous aujourd'hui
notre pain quotidien

Aujourd'hui,
si vous entendez ma voix (Parole),
N'endurcissez pas vos cœurs
Hébreux 3 : 8

Quel est le désir profond de ton cœur à cet instant ? Quelle est l'attitude de ton cœur ? As-tu déjà expérimenté le lâcher prise ? As-tu soif et faim de ton Père ?

Ton pain quotidien, en d'autres termes ta situation du jour (ton présent) dépendra de la combinaison ou encore de l'équilibre, de la soif, de la faim que tu as de ton Père, et de l'attitude de ton cœur ; le lâcher prise en acceptant tes limites, l'abandon à ton Père. Nous sommes Ses enfants et devons savoir apprécier le moment présent en étant reconnaissant de l'Amour de notre Dieu.

Les bontés de l'Eternel ne sont pas épuisées, ses compassions ne prennent pas fin ; elles se renouvellent chaque matin. Que ta fidélité est grande !
Je le déclare, l'Eternel est mon bien, c'est pourquoi je veux m'attendre à lui. L'Eternel a de la bonté pour celui qui compte sur lui, pour celui qui le recherche.

Il est bon d'attendre en silence le secours de l'Eternel. Lamentations 3 :22-26

Ne vous inquiétez donc pas du lendemain ; car le lendemain aura soin de lui-même. A chaque jour suffit sa peine. Matthieu 6 :34

Jésus dit : Que votre cœur ne se trouble pas. Ayez foi en Dieu (notre Père), ayez aussi foi en moi. Jean 14 :1

La seule issue à notre pain quotidien c'est l'abandon total à l'amour de notre Père manifesté en Jésus-Christ. Il a pris nos infimités (problèmes, soucis…) Et il s'est chargé de nos maladies. Matthieu 8 :17

Aucun de ceux qui espèrent en toi ne sera couvert de honte, mais la honte est pour ceux qui sont infidèles sans raison.

Eternel, fais-moi connaître tes voies, enseigne-moi tes sentiers ! Conduis-moi dans ta vérité et instruis-moi, car tu es le Dieu de mon salut : je m'attends à toi chaque jour. Psaume 25 :3-5

C'est à ce moment précis où nous sommes faibles, au bout du rouleau que nous sommes forts par notre Père. Au lieu de subir l'épreuve, regardons-la en face en nous fiant à la parole de notre Père qui correspond à notre saison. Il est essentiel de garder à l'esprit une question : **Papa, que veux-tu m'apprendre dans cette épreuve ?** cela finira par booster ma foi en toi, m'apportera ta paix. J'en sortirai sûrement plus grand. Tu seras l'objet de mes louanges. Psaume 119 : 36

Maintenant !

Dans une atmosphère d'adoration, de louange et de méditation, conduits par le Saint Esprit, acceptons et déclarons sciemment avec conviction la vérité de la parole de Dieu. Eprouvez la vérité de ce que vous affirmez, déclenchez ainsi la vérité éternelle, inoubliable de la parole de notre Père.

Je vous le dis en vérité, si quelqu'un dit à cette montagne : Ote-toi de là et jette-toi dans la mer, et s'il ne doute point en son cœur, mais croit que ce qu'il dit arrive, il le verra s'accomplir. Marc 11 : 23

Dites à l'intérieur de vous ou déclarez à haute voix :

Portes, élevez vos linteaux ; Élevez-vous, portes éternelles ! Que le roi de gloire fasse son entrée !
Psaume 24 : 7

Mon âme, ma bouche, les ossements desséchés, les soucis, les infirmités, les problèmes, les pensées, le caractère, la peur, les maladies…

Ecoutez la Parole de mon Père, Aussi vrai que l'Eternel, mon Dieu, est vivant, je déclare !

Donne-nous aujourd'hui notre pain quotidien

Prière

Prière

SUR TA PAROLE ! **Job 11 : 13** Pour toi, dirige ton cœur vers Dieu, Étends vers lui tes mains,

Nous dirigeons nos cœurs vers toi notre Dieu, nous étendons vers toi nos mains,

SUR TA PAROLE ! **2 Chroniques 7 : 14** …si alors, mon peuple qui est appelé de mon nom, s'humilie, prie et recherche ma face, s'il se détourne de sa mauvaise conduite, moi, je l'écouterai du ciel, je lui pardonnerai ses péchés et je guérirai son pays.

Nous déclarons que si nous, ton peuple, qui sommes appelés de ton nom, nous nous humilions, prions et recherchons ta face, nous nous détournons de nos mauvaises conduites, toi, tu nous écouteras du ciel, tu nous pardonneras nos péchés et tu guériras notre pays.

SUR TA PAROLE ! **Jean 16 : 26** En ce jour, vous demanderez en mon nom

C'est en ton nom Jésus que nous demandons

SUR TA PAROLE ! **Psaume 145 : 18** L'Eternel est proche de ceux qui l'appellent, de tous ceux qui sont sincères lorsqu'ils font appel à lui.

Eternel tu es proche de nous qui t'appelons, de nous qui sommes sincères lorsque nous faisons appel à toi.

SUR TA PAROLE ! **Psaume 25 : 1 et 4-5** Eternel ! J'élève à toi mon âme, Éternel ! Fais-moi connaître tes voies, Enseigne-moi tes sentiers. Conduis-moi dans ta vérité, et instruis-moi ; Car tu es le Dieu de mon salut, Tu es toujours mon espérance.

Éternel ! Nous élevons à toi notre âme. Éternel ! Fais-nous connaître tes voies, Enseigne-nous tes sentiers. Conduis-nous dans ta vérité, et instruis-nous ; Car tu es le Dieu de notre salut, Tu es toujours notre espérance.

SUR TA PAROLE ! **Ésaïe 55 : 6-7** Tournez-vous donc vers l'Eternel, tant qu'on peut le trouver. Adressez-vous à lui tant qu'il est proche !

Nous nous tournons vers toi Éternel, tant que nous pouvons te trouver. Nous nous adressons à toi tant que tu es proche !

SUR TA PAROLE ! **Psaume 34 : 6** Quand on tourne vers lui les regards, on est rayonnant de joie, Et le visage ne se couvre pas de honte.

Quand nous tournons vers toi les regards, nous sommes rayonnants de joie, Et nos visages ne se couvrent pas de honte.

SUR TA PAROLE ! **Psaume 37 : 4** Fais de l'Eternel tes délices, Et il te donnera ce que ton cœur désire.

Eternel je fais de toi mes délices et tu vas me donner ce que mon cœur désire.

SUR TA PAROLE ! **Exode 33 : 12** Je te connais par ton nom et tu as trouvé grâce à mes yeux.

Nous déclarons que tu nous connais par notre nom et nous avons trouvé grâce à tes yeux.

SUR TA PAROLE ! **Colossiens 4 : 2** Que la prière soutienne votre persévérance. Soyez vigilants dans ce domaine, pleins de reconnaissance envers Dieu.

Nous persévérons dans la prière. Nous sommes vigilants et pleins de reconnaissance envers toi notre Dieu.

SUR TA PAROLE ! **Matthieu 7 : 8** Car celui qui demande reçoit ; celui qui cherche trouve, et l'on ouvre à celui qui frappe.

Nous demandons alors nous recevons ; nous cherchons alors nous trouvons, et nous frappons alors on nous ouvre.

SUR TA PAROLE ! **Jean 16 : 24** Jusqu'à présent vous n'avez rien demandé en mon nom. Demandez, et vous recevrez, pour que votre joie soit complète.

Jusqu'à présent nous n'avons rien demandé en ton nom mais maintenant, nous demandons en ton nom, et nous allons recevoir, pour que notre joie soit complète.

SUR TA PAROLE ! **Matthieu 6 : 6** Mais quand tu pries, entre dans ta chambre, ferme ta porte, et prie ton Père qui est là dans le lieu secret : et ton Père, qui voit dans le secret, te le rendra.

Lorsque je prie, j'entre dans ma chambre, je ferme la porte et je te prie mon Père, là dans le lieu secret, et toi mon Père qui voit dans le secret, tu me le rends.

SUR TA PAROLE ! **Éphésiens 6 : 18** En toutes circonstances, faites toutes sortes de prières et de requêtes sous la conduite de l'Esprit. Faites-le avec vigilance et constance, et intercédez pour tous ceux qui appartiennent à Dieu,

En toutes circonstances, nous faisons toutes sortes de prières et de requêtes sous ta conduite St-Esprit. Nous le faisons avec vigilance et constance, et intercédons pour tous ceux qui t'appartiennent notre Dieu,

SUR TA PAROLE ! **Psaume 20 : 5** Qu'il te donne ce que ton cœur désire et qu'il accomplisse tous tes projets!

Nous déclarons que tu nous donnes ce que notre cœur désire et tu accomplis tous nos projets !

SUR TA PAROLE ! **1 Jean 5 : 14** Et voici quelle assurance nous avons devant Dieu : si nous demandons quelque chose qui est conforme à sa volonté, il nous écoute.

Nous avons de l'assurance devant toi notre Dieu : si nous demandons quelque chose qui est conforme à ta volonté, tu nous écoutes.

SUR TA PAROLE ! **Matthieu 18 : 19** Je vous dis encore que, si deux d'entre vous s'accordent sur la terre pour demander une chose quelconque, elle leur sera accordée par mon Père qui est dans les cieux.

Jésus tu nous dis encore que, si deux d'entre nous s'accordent sur la terre pour demander une chose quelconque, elle nous sera accordée par notre Père qui est dans les cieux.

SUR TA PAROLE ! **Matthieu 18 : 20** Car là où deux ou trois sont assemblés en mon nom, je suis au milieu d'eux.

Lorsque, à deux ou trois nous sommes assemblés en ton nom Jésus, tu es au milieu de nous.

SUR TA PAROLE ! **Actes 1 : 14** Tous d'un commun accord, persévéraient dans la prière

Nous voulons tous, d'un commun accord, persévérer dans la prière

SUR TA PAROLE ! **1 Thessaloniciens 5 : 17** Priez sans cesse.

Nous nous appliquons à prier sans cesse.

SUR TA PAROLE ! **Matthieu 26 : 41** Veillez et priez, pour ne pas céder à la tentation. L'esprit de l'homme est plein de bonne volonté, mais la nature humaine est bien faible.

Nous veillons et prions, pour ne pas céder à la tentation car notre esprit est plein de bonne volonté mais notre nature humaine est bien faible.

SUR TA PAROLE ! **Marc 11 : 24** C'est pourquoi je vous dis : tout ce que vous demanderez en priant, croyez que vous l'avez reçu et vous le verrez s'accomplir.

Tout ce que nous demandons en priant, nous croyons que nous l'avons reçu et nous le verrons s'accomplir.

Qu'il nous soit fait selon Ta Parole

Je te fais confiance

Donne-nous aujourd'hui notre pain quotidien

Besoins

Besoins

SUR TA PAROLE ! **Matthieu 6 : 7** En priant, ne multipliez pas de vaines paroles …. Car votre
Père sait de quoi vous avez besoin avant que vous le lui demandiez.

Père, je ne multiplie pas de vaines paroles car tu sais de quoi j'ai besoin avant que je ne te demande ;

SUR TA PAROLE ! **Matthieu 6 : 11** Donne-nous aujourd'hui notre pain quotidien ;

Donne-nous aujourd'hui notre pain quotidien

SUR TA PAROLE ! **Psaume 31 : 8** Je serai par ta grâce dans l'allégresse et dans la joie ; Car tu vois ma misère, tu sais les angoisses de mon âme,

Nous serons par ta grâce dans l'allégresse et dans la joie ; Car tu vois notre misère, tu sais les angoisses de nos âmes,

SUR TA PAROLE ! **Jérémie 31 : 14** Mon peuple se rassasiera des biens que je lui offrirai, L'Eternel le déclare.

Nous nous rassasions des biens que tu nous offres Eternel, comme tu le déclares.

SUR TA PAROLE ! **Matthieu 6 : 31 - 33** Ne vous inquiétez donc point... Votre Père céleste sait.... Cherchez premièrement le Royaume de Dieu et sa justice et toutes choses vous seront données.

Je ne m'inquiète point... mon Père céleste tu sais ce dont j'ai besoin... Je cherche premièrement ton Royaume et ta justice et toutes choses me seront données.

SUR TA PAROLE ! **Marc 11 : 24** C'est pourquoi je vous dis : Tout ce que vous demanderez en priant, croyez que vous l'avez reçu et vous le verrez s'accomplir.

C'est pourquoi Jésus tu nous dis que tout ce que nous demandons en priant, nous devons croire que nous l'avons reçu et nous le verrons s'accomplir.

SUR TA PAROLE ! **Psaume 23 : 1** L'Eternel est mon berger. Je ne manquerai de rien.

Eternel tu es notre berger : nous savons que nous ne manquerons de rien.

SUR TA PAROLE ! **Ésaïe 58 : 11** l'Eternel sera ton guide constamment. Il pourvoira à tes besoins dans les déserts arides, il te fortifiera et tu ressembleras à un jardin bien arrosé, à une source vive aux eaux intarissables.

Eternel tu es mon guide constamment. Tu pourvois à mes besoins dans les déserts arides, tu me fortifies et tu me fais ressembler à un jardin bien arrosé, à une source vive aux eaux intarissables.

SUR TA PAROLE ! **Matthieu 6 : 10** … que ta volonté soit faite sur la terre comme au ciel.

Qu'en tout ce que nous te demandons, Ta volonté soit faite sur la terre comme au ciel.

SUR TA PAROLE ! **Actes 14 : 17**…il n'a jamais cessé de leur donner des témoignages de sa bonté, car il vous envoie du ciel la pluie et des fruits abondants en leur saison. Oui, c'est lui qui vous donne de la nourriture en abondance et comble vos cœurs de joie.

Tu n'as jamais cessé de nous donner des témoignages de ta bonté, car tu nous envoies du ciel la pluie et des fruits en abondance en leur saison. Oui, c'est toi qui nous donnes de la nourriture en abondance et combles nos cœurs de joie.

SUR TA PAROLE ! **Philippiens 4 : 11-12** J'ai appris à être content de l'état où je me trouve. Je sais vivre dans l'humiliation, et je sais vivre dans l'abondance. En tout et partout j'ai appris à être rassasié et à avoir faim, à être dans l'abondance et à être dans la disette.

Nous avons appris à être content de l'état où nous nous trouvons. Nous savons vivre dans l'humiliation, et nous savons vivre dans l'abondance. En tout et partout nous avons appris à être rassasiés et à avoir faim, à être dans l'abondance et à être dans la disette.

SUR TA PAROLE ! **2 Corinthiens 9 : 8** Il a aussi le pouvoir de vous combler de toutes sortes de bienfaits : ainsi vous aurez, en tout temps et en toutes choses, tout ce dont vous avez besoin, et il vous en restera encore du superflu pour toutes sortes d'œuvres bonnes,

Tu as le pouvoir de nous combler de toutes sortes de bienfaits : ainsi nous aurons, en tout temps et en toutes choses, tout ce dont nous avons besoin, et il nous restera encore du superflu pour toutes sortes d'œuvres bonnes,

SUR TA PAROLE ! **Philippiens 4 : ...16, 19** Vous m'envoyâtes ... et, à deux reprises ... de quoi pourvoir à mes besoins ... Et mon Dieu subviendra pleinement à tous vos besoins ; il le fera, selon sa glorieuse richesse qui se manifeste en Jésus-Christ.

Nous pourvoyons aux besoins de tes serviteurs notre Dieu et toi, tu subviendras pleinement à tous nos besoins ; Tu le feras, selon ta glorieuse richesse qui se manifeste en Jésus-Christ.

SUR TA PAROLE ! **Malachie 3 : 10** Apportez à la maison du trésor toutes les dîmes, Afin qu'il y ait de la nourriture dans ma maison ; Mettez-moi de la sorte à l'épreuve Dit l'Eternel des Armées, Et vous verrez si je n'ouvre pas pour vous les écluses des cieux, Si je ne répands pas pour vous la bénédiction en abondance.

Nous apportons à la maison du trésor toutes les dîmes, afin qu'il y ait de la nourriture dans ta maison notre Dieu ; comme ta parole le dit nous te mettons à l'épreuve et nous te verrons ainsi ouvrir les écluses des cieux, et répandre pour nous la bénédiction en abondance.

Qu'il nous soit fait selon Ta Parole
Je te fais confiance

Appel

Donne-nous aujourd'hui notre pain quotidien

Appel

SUR TA PAROLE ! **Psaume 100 : 3** Sachez que c'est lui seul, l'Eternel, qui est Dieu ! C'est lui qui nous a faits, nous lui appartenons, et nous sommes son peuple, le troupeau de son pâturage.

C'est toi Eternel, qui est Dieu ! C'est toi qui nous as faits, nous t'appartenons, et nous sommes ton peuple, le troupeau de ton pâturage.

SUR TA PAROLE ! **Lévitique 26 : 11-12** J'établirai ma demeure au milieu de vous, et mon âme ne vous aura point en horreur. Je marcherai au milieu de vous, je serai votre Dieu, et vous serez mon peuple.

Tu établis ta demeure au milieu de nous, et ton âme ne nous a point en horreur. Tu marches au milieu de nous, tu es notre Dieu, et nous sommes ton peuple.

SUR TA PAROLE ! **Ésaïe 43 : 1** N'aie pas peur, car je t'ai racheté. Je t'ai appelé par ton nom : tu m'appartiens!

Nous n'avons pas peur, car tu nous as rachetés. Tu nous appelles par nos noms : nous t'appartenons !

SUR TA PAROLE ! **Luc 12 : 32** N'aie pas peur, petit troupeau ! Car il a plu à votre Père de vous donner le royaume.

Nous n'avons pas peur ! Car il t'a plu notre Père, de nous donner le royaume.

SUR TA PAROLE ! **1 Pierre 1 : 19** …vous avez été rachetés …. par le sang précieux de Christ, comme d'un agneau sans défaut et sans tache

Nous avons été rachetés par ton sang précieux (Christ), comme d'un agneau sans défaut et sans tache

SUR TA PAROLE ! **Philippiens 3 : 13- 14** … oubliant ce qui est derrière moi, et tendant toute mon énergie vers ce qui est devant moi, je poursuis ma course vers le but pour remporter le prix attaché à l'appel que Dieu nous a adressé du haut du ciel dans l'union avec Jésus-Christ.

…Oubliant tout ce qui est derrière moi, et tendant toute mon énergie vers ce qui est devant moi, je poursuis ma course vers le but pour remporter le prix attaché à l'appel que tu m'as adressé notre Dieu du haut du ciel dans l'union avec Jésus-Christ.

SUR TA PAROLE ! **Exode 34 : 10** L´Éternel répondit: Voici, je traite une alliance. Je ferai, en présence de tout ton peuple, des prodiges qui n'ont eu lieu dans aucun pays et chez aucune nation ; tout le peuple qui t'environne verra l'œuvre de l'Eternel, et c'est par toi que j'accomplirai des choses terribles.

Eternel tu as fait une alliance avec nous en Jésus et tout le peuple qui nous environne verra ton œuvre et c'est par toi que nous accomplirons des choses terribles

SUR TA PAROLE ! **2 Timothée 1 : 9** C'est lui qui nous a sauvés et nous a appelés à mener une vie sainte. Et s'il l'a fait, ce n'est pas à cause de ce que nous avons fait, mais bien parce qu'il en avait librement décidé ainsi, à cause de sa grâce. Cette grâce, il nous l'a donnée de toute éternité en Jésus-Christ.

C'est toi qui nous as sauvés et nous as appelés à mener une vie sainte. Et si tu le fais, ce n'est pas à cause de ce que nous avons fait, mais bien parce

que tu l'as librement décidé ainsi, à cause de ta grâce. Cette grâce, tu nous l'as donnée de toute éternité en Jésus-Christ.

SUR TA PAROLE ! **1 Pierre 5 : 10** Le Dieu de toute grâce vous a appelés en Jésus-Christ à sa gloire éternelle. Après que vous aurez souffert un peu de temps, il vous rétablira lui-même, vous affermira, vous fortifiera, vous rendra inébranlables.

Dieu de toute grâce, tu nous as appelés en Jésus-Christ à ta gloire éternelle. Après avoir souffert un peu de temps, tu nous rétablis toi-même, tu nous affermis, tu nous fortifies, tu nous rends inébranlables.

SUR TA PAROLE ! **Éphésiens 4 : 4-6** Il y a un seul corps et un seul Esprit ; de même, Dieu vous a appelés à une seule espérance lorsqu'il vous a fait venir à lui. Il y a un seul Seigneur, une seule foi, un seul baptême, un seul Dieu et Père de tous qui règne sur tous, qui agit par tous et qui est en tous.

Il y a un seul corps et un seul Esprit ; de même, notre Dieu tu nous as appelés à une seule espérance lorsque tu nous as fait venir à toi. Il y a un seul Seigneur, une seule foi, un seul baptême, un seul Dieu et Père de tous qui règne sur nous, qui agit par tous et qui est en tous.

SUR TA PAROLE ! **Éphésiens 1 : 4-6** En lui, bien avant de poser les fondations du monde, il nous avait choisis pour que nous soyons saints et sans reproche devant lui. Puisqu'il nous a aimés, il nous a destinés d'avance à être ses enfants qu'il voulait adopter par Jésus-Christ. Voilà ce que, dans sa bonté, il a voulu pour nous afin que nous célébrions la gloire de sa grâce qu'il nous a accordée en son Fils bien-aimé.

Bien avant de poser les fondations du monde, tu nous avais choisis pour que nous soyons saints et sans reproche devant toi. Puisque tu nous as aimés, tu nous as destinés d'avance à être tes enfants que tu voulais adopter par Jésus-Christ. Voilà ce que, dans ta bonté, tu as voulu pour nous afin que nous célébrions la gloire de ta grâce que tu nous as accordée en ton Fils bien-aimé.

Qu'il nous soit fait selon Ta Parole

Je te fais confiance

Donne-nous aujourd'hui notre pain quotidien

Service

Service

SUR TA PAROLE ! **Deutéronome 13 : 4** C'est l'Eternel, votre Dieu, que vous suivrez et c'est lui que vous craindrez. Ce sont ses commandements que vous respecterez, c'est à lui que vous obéirez, c'est lui que vous servirez et c'est à lui que vous vous attacherez.

C'est toi Eternel notre Dieu, que nous suivons et c'est toi que nous craignons. Ce sont tes commandements que nous respectons, c'est à toi que nous obéissons, c'est toi que nous servons et c'est à toi que nous nous attachons.

SUR TA PAROLE ! **Exode 23 : 25** Vous servirez l'Éternel, votre Dieu, et il bénira votre pain et vos eaux, et j'éloignerai la maladie du milieu de toi.

Eternel nous te servons toi notre Dieu, et tu bénis notre pain et nos eaux, et tu éloignes la maladie du milieu de nous.

SUR TA PAROLE ! **Exode 3 : 12** Dieu dit : Je serai avec toi; et ceci sera pour toi le signe que c'est moi qui t'envoie.

Notre Dieu tu nous as dit que tu seras avec nous ; et ceci sera pour nous le signe que c'est toi qui nous envoie.

SUR TA PAROLE ! **Hébreux 9 : 14** Si tel est le cas, le sang de Christ, qui s'est offert lui-même à Dieu par l'Esprit éternel comme une victime sans défaut, purifiera d'autant plus votre conscience des œuvres mortes afin que vous serviez le Dieu vivant !

Le sang de Christ, qui s'est offert lui-même à toi notre Dieu par l'Esprit éternel comme une victime sans défaut, purifiera notre conscience des œuvres mortes afin que nous te servions toi le Dieu vivant !

SUR TA PAROLE ! **Psaume 100 : 2** Servez le Seigneur joyeusement, approchez-vous de lui dans la joie.

Nous te servons joyeusement, nous nous approchons de toi dans la joie.

SUR TA PAROLE ! **Jean 12 : 26** Si quelqu'un me sert, qu'il me suive, et là où je suis, là aussi sera mon serviteur. Si quelqu'un me sert, le Père l'honorera.

Nous te servons Seigneur, nous te suivons, et là où tu es, là aussi nous serons, nous, tes serviteurs. Parce que nous te servons, Père, tu nous honores.

SUR TA PAROLE ! **Romains 12 : 11** Ayez du zèle, et non de la paresse. Soyez fervents d'esprit et servez le Seigneur.

Nous avons du zèle, et non de la paresse. Nous sommes fervents d'esprit et te servons Seigneur.

SUR TA PAROLE ! **Jean 15 : 5** Je suis le cep de la vigne, vous en êtes les sarments. Celui qui demeure en moi et en qui je demeure, portera du fruit en abondance, car sans moi, vous ne pouvez rien faire.

Tu es le cep de la vigne, nous sommes les sarments. Nous demeurons en toi et tu demeures en nous, nous portons du fruit en abondance, car sans toi, nous ne pouvons rien faire.

SUR TA PAROLE ! **Jean 15 : 2** Tous les sarments, en moi, qui ne portent pas de fruit, il les coupe, et tous ceux qui en portent, il les taille afin qu'ils produisent un fruit encore plus abondant.

Nous sommes les sarments, en toi nous portons du fruit et nous sommes taillés pour produire du fruit encore plus abondant.

SUR TA PAROLE ! **Matthieu 13 : 23** Celui qui a reçu la semence dans la bonne terre, C'est celui qui écoute la Parole et la comprend. Alors il porte du fruit : chez l'un, un grain en rapporte cent, chez un autre soixante, chez un autre trente.

Nous avons reçu la semence dans la bonne terre, nous écoutons la Parole et la comprenons. Nous portons du fruit : chez l'un, un grain en rapporte cent, chez un autre soixante, chez un autre trente.

SUR TA PAROLE ! **1 Corinthiens 12 : 31** Aspirez aux dons les meilleurs. Je vais encore vous montrer la voie par excellence.

Nous aspirons aux dons les meilleurs. Tu vas encore nous montrer la voie de l'excellence.

SUR TA PAROLE ! **Jean 15 : 8** Si vous produisez du fruit en abondance et que vous prouvez ainsi que vous êtes vraiment mes disciples, la gloire de mon Père apparaîtra aux yeux de tous.

Nous produisons du fruit en abondance et prouvons ainsi que nous sommes vraiment tes disciples, ta gloire Père apparaîtra aux yeux de tous.

SUR TA PAROLE ! **1 Timothée 4 : 12** Que personne ne te méprise pour ton jeune âge, mais efforce-toi d'être un modèle pour les croyants par tes paroles, ta conduite, ton amour, ta foi et ta pureté.

Nous veillons à ce que personne ne nous méprise pour notre jeune âge, nous nous efforçons d'être un modèle pour les croyants par nos paroles, notre conduite, notre amour, notre foi et notre pureté.

SUR TA PAROLE ! **Proverbes 2 : 7** Comme un bouclier, il protège ceux qui mènent une vie irréprochable.

Tu es notre bouclier, tu nous protèges, nous qui menons une vie irréprochable.

SUR TA PAROLE ! **Colossiens 3 : 23-24** Quelque soit votre travail, faites-le de tout votre cœur, et cela par égard pour le Seigneur et non par égard pour des hommes. Car vous savez que vous recevrez du Seigneur, comme récompense, l'héritage qu'il réserve au peuple de Dieu. Le Maître que vous servez, c'est le Christ.

Quelque soit notre travail, nous le faisons de tout notre cœur, et cela par égard pour toi Seigneur, non par égard pour des hommes. Car nous savons que nous recevrons de toi Seigneur, comme récompense, l'héritage que tu nous réserves, à nous ton peuple. Le Maître que nous servons, c'est toi le Christ.

SUR TA PAROLE ! **1 Pierre 4 : 10** Chacun de vous a reçu de Dieu un don particulier : qu'il le mette au service des autres comme un bon gérant de la grâce infiniment variée de Dieu.

Chacun de nous a reçu de toi notre Dieu un don particulier : nous le mettons au service des autres comme un bon gérant de ta grâce infiniment variée.

SUR TA PAROLE ! **1 Corinthiens 15 : 58** C'est pourquoi, mes chers frères, soyez fermes, ne vous laissez pas ébranler, travaillez sans relâche pour le Seigneur, sachant que la peine que vous vous donnez au service du Seigneur n'est jamais inutile.

C'est pourquoi nous sommes fermes, nous ne nous laissons pas ébranler, nous travaillons sans relâche pour toi Seigneur, sachant que la peine que nous nous donnons à ton service Seigneur n'est jamais inutile.

SUR TA PAROLE ! **1 Jean 3 : 18** que notre amour ne se limite pas à des discours et à de belles paroles, mais qu'il se traduise par des actes accomplis dans la vérité.

Notre amour ne se limite pas à des discours et à de belles paroles, nous les traduisons par des actes accomplis dans la vérité.

SUR TA PAROLE ! **Psaume 119 : 156** Tes compassions sont en grand nombre, ô Eternel !
Fais- moi revivre selon tes ordonnances.

Tes compassions sont en grand nombre, ô Eternel ! Et tu nous fais revivre selon tes ordonnances.

SUR TA PAROLE ! **Jean 13 : 35** C'est à cela que tous reconnaîtront que vous êtes mes disciples : si vous avez de l'amour les uns pour les autres.

C'est à cela que tous reconnaîtront que nous sommes tes disciples : nous avons de l'amour les uns pour les autres.

SUR TA PAROLE ! **1 Pierre 4 : 11** Que celui qui parle transmette les paroles de Dieu. Que celui qui sert accomplisse sa tâche avec la force que Dieu donne. Agissez-en toutes ces choses de manière à ce que la gloire revienne à Dieu par Jésus-Christ, à qui appartiennent la gloire et la puissance pour l'éternité. Amen !

Nous parlons pour transmettre tes paroles notre Dieu et nous accomplissons nos tâches avec la force que tu nous donnes. Nous agissons en toutes ces choses de manière à ce que la gloire te revienne par Jésus-Christ, à qui appartiennent la gloire et la puissance pour l'éternité. Amen !

SUR TA PAROLE ! **Jean 16 : 33** Dans le monde, vous aurez à souffrir bien des afflictions. Mais courage ! Moi, j'ai vaincu le monde.

Dans ce monde, nous aurons à souffrir bien des afflictions. Mais nous prenons courage ! Parce que Jésus Christ, tu as vaincu le monde.

SUR TA PAROLE ! **2 Thessaloniciens 1 : 5** Ici se laisse voir le juste jugement de Dieu qui désire vous trouver dignes de son royaume pour lequel vous souffrez.

Ici se laisse voir ton juste jugement notre Dieu, toi qui désires nous trouver dignes de ton royaume pour lequel nous souffrons.

SUR TA PAROLE ! **2 Corinthiens 4 : 17** En effet, nos détresses présentes sont passagères et légères par rapport au poids insurpassable de gloire éternelle qu'elles nous préparent.

En effet, nos détresses présentes sont passagères et légères par rapport au poids insurpassable de gloire éternelle qu'elles nous préparent.

SUR TA PAROLE ! **Psaume 34 : 23** l'Eternel sauve la vie de tous ses serviteurs, et ceux dont il est le refuge ne seront jamais condamnés.

Eternel tu sauves la vie de tous tes serviteurs, tu es notre refuge et nous ne serons jamais condamnés.

SUR TA PAROLE ! **Psaume 71 : 17-18** Tu m'as instruit, ô Dieu, dès ma jeunesse ; jusqu'à ce jour, je publie tes merveilles. Et maintenant que je suis vieux, que j'ai les cheveux blancs, ô Dieu, ne m'abandonne pas, et je pourrai annoncer ta puissance dès aujourd'hui aux hommes de mon temps, et ta vaillance aux générations à venir.

Tu nous as instruits, ô Dieu, dès notre jeunesse ; jusqu'à ce jour, nous publions tes merveilles. Et maintenant que nous sommes vieux, que nous avons les cheveux blancs,

ô **Dieu, tu ne nous abandonnes pas, et nous pouvons annoncer ta puissance dès aujourd'hui aux hommes de notre temps, et ta vaillance aux générations à venir.**

Qu'il nous soit fait selon Ta Parole
Je te fais confiance

Donne-nous aujourd'hui notre pain quotidien

Consécration

Consécration

SUR TA PAROLE ! **Ézéchiel 11 : 19** Je leur donnerai un cœur qui me sera entièrement dévoué et je mettrai en eux un esprit nouveau, j'ôterai de leur être leur cœur dur comme la pierre, et je leur donnerai un cœur de chair.

Notre Dieu, par Jésus Christ, tu nous donnes un cœur entièrement dévoué et tu as mis en nous un esprit nouveau, tu as ôté de notre être notre cœur dur comme la pierre, et tu nous as donné un cœur de chair.

SUR TA PAROLE ! **1 Pierre 2 : 9** … vous êtes un peuple choisi, des prêtres royaux, une nation sainte, un peuple racheté afin de proclamer les louanges de celui qui vous a appelés des ténèbres à sa merveilleuse lumière.

Nous sommes un peuple choisi, des prêtres royaux, une nation sainte, un peuple racheté afin de proclamer tes louanges, toi qui nous a appelés des ténèbres à ta merveilleuse lumière.

SUR TA PAROLE ! **Psaume 95 : 6 -7** Venez, prosternons-nous et humilions-nous, plions le genou devant l'Eternel, notre créateur, car il est notre Dieu et nous sommes le peuple dont il est le berger, le troupeau que sa main conduit. Aujourd'hui, si vous entendez sa voix,

Nous nous prosternons et nous humilions, nous plions le genou devant toi Eternel, notre créateur, car tu es notre Dieu et nous sommes le peuple dont tu es le berger, le troupeau que ta main conduit. Aujourd'hui, nous entendons ta voix,

SUR TA PAROLE ! **Jacques 4 : 10** Abaissez-vous devant le Seigneur, et il vous relèvera.

Nous déclarons que nous nous abaissons devant toi Seigneur, et tu nous relèves.

SUR TA PAROLE ! **1 Pierre 1 : 15-16** Au contraire, tout comme celui qui vous a appelés est saint, soyez saints dans tout votre comportement. Car voici ce que Dieu dit dans l'Ecriture : Soyez saints, car je suis saint.

Toi qui nous as appelés tu es saint, nous voulons être saints dans tout notre comportement. Car notre Dieu tu nous dis dans l'Ecriture d'être saints, car tu es saint.

SUR TA PAROLE ! **1 Thessaloniciens 4 : 3-4** Ce que Dieu veut, c'est que vous meniez une vie sainte : que vous vous absteniez de toute immoralité ; que chacun de vous sache gagner une parfaite maîtrise de son corps pour vivre dans la sainteté et l'honneur,

Ce que tu veux notre Dieu, c'est que nous menions une vie sainte : que nous nous abstenions de toute immoralité ; que chacun de nous sache gagner une parfaite maîtrise de son corps pour vivre dans la sainteté et l'honneur,

SUR TA PAROLE ! **2 Timothée 2 : 22** Fuis les passions qui peuvent assaillir un jeune homme. Fais tous tes efforts pour cultiver la foi, l'amour et la paix avec tous ceux qui font appel au Seigneur d'un cœur pur.

Nous fuyons les passions qui peuvent nous assaillir. Nous faisons des efforts pour cultiver la foi, l'amour et la paix avec tous ceux qui te font appel Seigneur d'un cœur pur.

SUR TA PAROLE ! **Romains 6 : 11** Ainsi, vous aussi, considérez-vous comme morts pour le péché, et comme vivants pour Dieu dans l'union avec Jésus-Christ.

Nous nous considérons comme morts pour le péché, et comme vivants pour toi notre Dieu dans l'union avec Jésus-Christ.

SUR TA PAROLE ! **1 Timothée 6 : 11-12** …fuis toutes ces choses. Recherche ardemment la droiture, l'attachement à Dieu, la fidélité, l'amour, la persévérance, l'amabilité. Combats le bon combat de la foi, saisis la vie éternelle que Dieu t'a appelé à connaître et au sujet de laquelle tu as fait cette belle profession de foi en présence de nombreux témoins.

Nous fuyons toutes choses qui nous éloignent de toi Seigneur. Nous recherchons ardemment la droiture, l'attachement à toi notre Dieu, la fidélité, l'amour, la persévérance, l'amabilité. Nous combattons le bon combat de la foi, nous saisissons la vie éternelle que tu nous as appelés à connaître et au sujet de laquelle nous avons fait cette belle profession de foi en présence de nombreux témoins.

SUR TA PAROLE ! **Romains 8 : 2** Car la loi de l'Esprit qui nous donne la vie dans l'union avec Jésus-Christ t'a libéré de la loi du péché et de la mort.

La loi de l'Esprit qui nous donne la vie dans l'union avec Jésus-Christ nous a libérés de la loi du péché et de la mort.

SUR TA PAROLE ! **Psaume 119 : 147-148** Je me lève avant l'aube pour implorer ton aide, j'ai foi en ta parole. Avant que la nuit ne finisse, mes yeux sont déjà éveillés pour méditer sur ta parole.

Je me lève avant l'aube pour implorer ton aide, j'ai foi en ta parole. Avant que la nuit ne finisse, mes yeux sont déjà éveillés pour méditer sur ta parole.

SUR TA PAROLE ! **1 Thessaloniciens 5 : 24** Celui qui vous a appelés est fidèle, et c'est lui qui le fera.

Notre Dieu tu es fidèle, et c'est toi qui le fera.

SUR TA PAROLE ! **Philippiens 4 : 8** Enfin, frères, nourrissez vos pensées de tout ce qui est vrai, noble, juste, pur, digne d'amour ou d'approbation, de tout ce qui mérite respect et louange.

Je nourris mes pensées de tout ce qui est vrai, noble, juste, pur, digne d'amour ou d'approbation, de tout ce qui mérite respect et louange.

SUR TA PAROLE ! **1 Thessaloniciens 4 : 7** En effet, Dieu ne nous a pas appelés à l'impureté, mais à la consécration.

En effet, notre Dieu tu ne nous as pas appelés à l'impureté, mais à la consécration.

SUR TA PAROLE ! **Matthieu 5 : 8** Heureux ceux qui ont le cœur pur, car ils verront Dieu !

Heureux sommes nous, nous qui avons le cœur pur, car nous verrons Dieu !

SUR TA PAROLE ! **1 Thessaloniciens 5 : 23** Que le Dieu de paix vous rende lui-même entièrement saints et qu'il vous garde parfaitement esprit, âme et corps pour que vous soyez irréprochables lors de la venue de notre Seigneur Jésus-Christ.

Dieu de paix, rends nous toi-même entièrement saints et garde nous parfaitement, esprit, âme et corps pour que nous soyons irréprochables lors de la venue de notre Seigneur Jésus-Christ.

SUR TA PAROLE ! **Psaume 37 : 23** Lorsque la conduite de quelqu'un lui plaît, l'Eternel lui donne d'affermir sa marche dans la vie.

Lorsque notre conduite te plaît Eternel, toi-même tu affermis la marche de notre vie.

SUR TA PAROLE ! **Romains 12 : 1-2** Je vous invite donc, frères, à cause de cette immense bonté de Dieu, à lui offrir votre corps comme un sacrifice vivant, saint et qui plaise à Dieu. Ce sera là de votre part un culte spirituel. Ne vous laissez pas modeler par le monde actuel, mais laissez-vous transformer par le renouvellement de votre pensée, pour pouvoir discerner la volonté de Dieu : ce qui est bon, ce qui lui plaît, ce qui est parfait.

Nous offrons donc nos corps comme un sacrifice vivant, saint et qui te plaît notre Dieu. C'est là de notre part un culte spirituel. Nous ne nous laissons pas modeler par le monde actuel, mais nous nous laissons transformer par le renouvellement de nos pensées, pour pouvoir discerner ta volonté notre Dieu : ce qui est bon, ce qui te plaît, ce qui est parfait.

SUR TA PAROLE ! **1 Timothée 5 : 22** N'impose pas trop vite les mains à quelqu'un et ne t'associe pas aux péchés d'autrui. Conserve-toi pur.

Nous n'imposons pas trop vite les mains à quelqu'un et nous ne nous associons pas aux péchés d'autrui. Nous nous conservons purs.

SUR TA PAROLE ! **Colossiens 1 : 10** Ainsi vous pourrez avoir une conduite digne du Seigneur et qui lui plaise à tous égards. Car vous porterez comme fruits toutes sortes d'œuvres bonnes et vous ferez des progrès dans la connaissance de Dieu.

Nous avons ainsi une conduite digne de toi Seigneur et qui te plaît à tous égards. Car nous portons des fruits de toutes sortes d'œuvres bonnes et nous faisons des progrès dans la connaissance de toi notre Dieu.

SUR TA PAROLE ! **2 Timothée 2 : 15** Efforce-toi de te présenter devant Dieu en homme qui a fait ses preuves, en ouvrier qui n'a pas à rougir de son ouvrage, parce qu'il transmet correctement la Parole de vérité.

Nous nous efforçons de nous présenter devant toi notre Dieu en homme qui fait ses preuves, en ouvrier qui n'a pas à rougir de son ouvrage, parce que nous transmettons correctement la Parole de vérité.

SUR TA PAROLE ! **Romains 2 : 7** ceux qui, en pratiquant le bien avec persévérance, cherchent l'approbation de Dieu, l'honneur et l'immortalité, recevront de lui la vie éternelle

Nous pratiquons le bien avec persévérance, nous cherchons ton approbation notre Dieu, l'honneur et l'immortalité, ainsi nous recevrons de toi la vie éternelle

SUR TA PAROLE ! **Proverbes 22 : 4** Le fruit de l'humilité, de la crainte de l'Eternel, c'est la richesse, la gloire et la vie.

J'ai le fruit de l'humilité, la crainte de l'Eternel, cela m'assure la richesse, la gloire et la vie.

SUR TA PAROLE ! **2 Corinthiens 5 : 9** que nous restions dans ce corps ou que nous le quittions, notre ambition est de plaire au Seigneur.

Soit que nous restions dans ce corps ou que nous le quittions, notre ambition est de te plaire Seigneur.

SUR TA PAROLE ! **Proverbes 15 : 33** La crainte de l'Eternel enseigne la sagesse, et l'humilité précède la gloire.

La crainte de l'Eternel nous enseigne la sagesse, et dans notre vie l'humilité précède la gloire.

SUR TA PAROLE ! **Ésaïe 33 : 15-16** Celui qui se conduit selon ce qui est juste et qui parle toujours selon la vérité, qui rejette les gains acquis par extorsion, qui n'accepte jamais de pots-de-vin, qui ferme ses oreilles aux propos criminels, qui se bouche les yeux pour ne pas voir le mal ; cet homme habitera dans des lieux élevés ; des rochers fortifiés lui serviront d'abri, son pain lui sera assuré, et l'eau ne lui manquera pas.

Nous nous efforçons de nous conduire selon ce qui est juste et nous parlons toujours selon la vérité, nous rejetons les gains acquis par extorsion, nous n'acceptons jamais de pots-de-vin, nous fermons nos oreilles aux propos criminels, nous bouchons nos yeux pour ne pas voir le mal ; nous habitons ainsi dans des lieux élevés ; des rochers fortifiés nous servent d'abri, notre pain nous est assuré, et l'eau ne nous manque pas.

SUR TA PAROLE ! **Colossiens 3 : 12** Ainsi, puisque Dieu vous a choisis pour lui appartenir et qu'il vous aime, revêtez-vous d'ardente bonté, de bienveillance, d'humilité, de douceur, de patience.

Puisque tu nous as choisis notre Dieu pour t'appartenir et que tu nous aimes, nous nous revêtons d'ardente bonté, de bienveillance, d'humilité, de douceur, de patience.

SUR TA PAROLE ! **Matthieu 5 : 16** C'est ainsi que votre lumière doit briller devant tous les hommes, pour qu'ils voient le bien que vous faites et qu'ils en attribuent la gloire à votre Père céleste.

C'est ainsi que notre lumière doit briller devant tous les hommes, pour qu'ils voient le bien que nous faisons et qu'ils en attribuent la gloire à notre Père céleste.

SUR TA PAROLE ! **Jérémie 9 : 23** Ainsi parle l'Éternel : Que le sage ne se glorifie pas de sa sagesse, Que le fort ne se glorifie pas de sa force, Que le riche ne se glorifie pas de sa richesse.

Nous ne nous glorifions pas de notre sagesse, nous ne nous glorifions pas de notre force, nous ne nous glorifions pas de notre richesse.

SUR TA PAROLE ! **Marc 12 : 30** Tu aimeras le Seigneur, ton Dieu, de tout ton cœur, de toute ton âme, de toute ta pensée, et de toute ta force.

Nous t'aimons Seigneur, notre Dieu, de tout notre cœur, de toute notre âme, de toute notre pensée, et de toute notre force.

Qu'il nous soit fait selon Ta Parole
Je te fais confiance

Donne-nous aujourd'hui notre pain quotidien

Priorités

Priorités

SUR TA PAROLE ! **Ecclésiaste 12 : 15** Sois rempli de respect pour Dieu et obéis à ses commandements, car c'est là l'essentiel pour l'homme.

Nous sommes remplis de respect pour toi notre Dieu et nous obéissons à tes commandements, car c'est là l'essentiel pour nous les hommes.

SUR TA PAROLE ! **Matthieu 22 : 37-38** Jésus lui répondit : Tu aimeras le Seigneur, ton Dieu, de tout ton cœur, de toute ton âme et de toute ta pensée.

Nous t'aimons Seigneur, toi notre Dieu, de tout notre cœur, de toute notre âme et de toute notre pensée.

SUR TA PAROLE ! **Psaume 119 : 11** Je garde ta parole tout au fond de mon cœur pour ne pas pécher contre toi.

Je garde ta parole tout au fond de mon cœur pour ne pas pécher contre toi.

SUR TA PAROLE ! **Matthieu 6 : 33** Faites donc du règne de Dieu et de ce qui est juste à ses yeux votre préoccupation première, et toutes ces choses vous seront données en plus.

Nous faisons de ton règne notre Dieu et de ce qui est juste à tes yeux notre préoccupation première, et toutes choses nous seront données en plus.

SUR TA PAROLE ! **Job 11 : 14** Éloigne-toi de l'iniquité, Et ne laisse pas habiter l'injustice sous ta tente.

Nous nous éloignons de l'iniquité, Et nous ne laissons pas habiter l'injustice sous notre tente.

SUR TA PAROLE ! **1 Jean 2 : 3** Si nous gardons les commandements de Christ, nous savons par là que nous l'avons connu.

Nous gardons tes commandements Jésus, nous savons par là que nous te connaissons.

SUR TA PAROLE ! **Matthieu 16 : 24** Alors Jésus dit à ses disciples : « Si quelqu'un veut être mon disciple, qu'il renonce à lui-même, qu'il se charge de sa croix et qu'il me suive ! »

Nous déclarons que nous tes disciples, nous renonçons à nous-mêmes, nous nous chargeons de notre croix et nous te suivons Jésus ! En tant que disciple, je renonce à moi-même, je me charge de ma croix et je te suis Jésus !

SUR TA PAROLE ! **1 Jean 2 : 5** Celui qui observe sa Parole montre par là qu'il aime vraiment Dieu de façon parfaite. C'est ainsi que nous savons que nous sommes unis à lui.

Nous observons ta Parole, nous montrons par là que nous t'aimons vraiment notre Dieu de façon parfaite. C'est ainsi que nous savons que nous sommes unis à toi.

SUR TA PAROLE ! **Jean 8 : 31/32** Jésus dit alors aux juifs qui avaient cru en lui : Si vous demeurez dans ma Parole, vous êtes vraiment mes disciples ; Vous connaîtrez la vérité, et la vérité fera de vous des hommes libres.

Je demeure dans ta Parole Jésus et je suis vraiment ton disciple, tu me fais connaître la vérité, et la vérité me rend libre.

SUR TA PAROLE ! **2 Chroniques 16 : 9** Car l'Eternel parcourt toute la terre du regard pour soutenir ceux dont le cœur est tourné vers lui sans partage.

Car Eternel tu parcours toute la terre du regard pour nous soutenir nous dont le cœur est tourné vers toi sans partage.

Qu'il nous soit fait selon Ta Parole
Je te fais confiance

Ministère

Ministère

SUR TA PAROLE ! **2 Timothée 1 : 9** Mais souffre avec moi pour l'Evangile, par la puissance de Dieu qui nous a sauvés, et nous a appelés par une vocation sainte, non à cause de nos œuvres mais selon son propre dessein, et selon la grâce qui nous a été donnée en Jésus-Christ

Nous acceptons de souffrir pour l'Evangile, par la puissance de notre Dieu qui nous a sauvés et appelés par une vocation sainte, non à cause de nos œuvres mais selon son propre dessein, et selon la grâce qui nous a été donnée en toi Seigneur Jésus-Christ.

SUR TA PAROLE ! **1 Corinthiens 2 : 16** En effet, qui a connu la pensée du Seigneur et qui pourrait l'instruire ? Or nous, nous avons la pensée de Christ.

… Nous avons la pensée de Christ.

SUR TA PAROLE ! **2 Corinthiens 12 : 10** Je trouve ainsi ma joie dans la faiblesse, les insultes, la détresse, les persécutions et les angoisses que j'endure pour le Christ. Car c'est lorsque je suis faible que je suis réellement fort.

Nous trouvons ainsi notre joie dans la faiblesse, les insultes, la détresse, les persécutions et les angoisses que nous endurons pour toi Christ. Car c'est lorsque nous sommes faibles que nous sommes réellement forts.

SUR TA PAROLE ! **Philippiens 1 : 20** ...Christ sera maintenant, comme il l'a toujours été, glorifié en mon corps, soit par la vie, soit par la mort.

Quoiqu'il en soit, Christ est maintenant, comme il l'a toujours été, glorifié en mon corps, soit par la vie, soit par la mort.

SUR TA PAROLE ! **2 Timothée 1 : 12** C'est aussi la raison de mes souffrances présentes. Mais je n'en ai pas honte, car je sais en qui j'ai mis ma confiance et j'ai la ferme conviction qu'il est assez puissant pour garder tout ce qu'il m'a confié jusqu'au jour du jugement.

Nous déclarons que nous acceptons les souffrances présentes. Et nous n'en avons pas honte, car nous savons en qui nous avons mis notre confiance et nous avons la ferme conviction que, Père, tu es assez puissant pour nous permettre de garder tout ce que tu nous as confié jusqu'au jour du jugement.

SUR TA PAROLE ! **Matthieu 28 : 20** ...apprenez-leur à obéir à tout ce que je vous ai prescrit. Et voici : je suis moi-même avec vous chaque jour, jusqu'à la fin du monde.

Nous leur apprenons à obéir à tout ce que tu nous as prescrit. Et voici : tu es toi-même avec nous chaque jour, jusqu'à la fin du monde.

SUR TA PAROLE ! **1 Timothée 4 : 9-10** C'est là une parole certaine et qui mérite d'être reçue sans réserve. En effet, si nous nous donnons du mal, et si nous luttons, c'est parce que nous avons mis notre espérance dans le Dieu vivant qui est le bienfaiteur de tous les hommes, et, au plus haut point, de ceux qui se confient en lui.

Ta parole est certaine et nous la recevons sans réserve. En effet, si nous nous donnons du mal, et si nous luttons, c'est parce que nous avons mis notre espérance en toi le Dieu vivant, qui est le bienfaiteur de tous les hommes, et, au plus haut point, de nous qui se confions en toi.

SUR TA PAROLE ! **Ésaïe 26 : 3** A celui qui est ferme dans ses dispositions, tu assures une paix parfaite, parce qu'il se confie en toi.

Nous restons fermes dans nos dispositions et tu nous assures une paix parfaite, parce que nous nous confions en toi.

SUR TA PAROLE ! **Éphésiens 4 : 12-13** Il a fait don de ces hommes pour que ceux qui appartiennent à Dieu soient rendus aptes à accomplir leur service en vue de la construction du corps du Christ. Ainsi nous parviendrons tous ensemble à l'unité dans la foi et dans la connaissance du Fils de Dieu, à l'état d'adultes, à un stade où se manifeste toute la plénitude qui nous vient du Christ.

Nous tes serviteurs, tu nous as fait être des dons pour ceux qui t'appartiennent, pour qu'ils soient rendus aptes à accomplir le service en vue de la construction du Corps du Christ. Ainsi nous parvenons tous ensemble à l'unité dans la foi et dans la connaissance du Fils de Dieu, à l'état d'adultes, à un stade où se manifeste toute la plénitude qui nous vient de toi Christ.

SUR TA PAROLE ! **Matthieu 5 : 19** ...celui qui obéira à ces commandements et qui les enseignera aux autres, sera considéré comme grand dans le royaume des cieux.

Nous obéissons à tes commandements et nous les enseignons aux autres, nous sommes considérés comme grands dans le royaume des cieux.

SUR TA PAROLE ! **2 Timothée 4 : 2** ...proclame la Parole, insiste, que l'occasion soit favorable ou non, convaincs, réprimande, encourage par ton enseignement, avec une patience inlassable.

Nous proclamons la Parole, nous insistons, que l'occasion soit favorable ou non, nous convainquons, nous réprimandons, nous encourageons par l'enseignement, avec une patience inlassable.

SUR TA PAROLE ! **Tite 2 : 6-7-8** Recommande aussi aux jeunes gens de mener une vie équilibrée. Sois toi-même en tout un modèle d'œuvres bonnes. Que ton enseignement soit fidèle et qu'il inspire le respect. Que ta parole soit juste et inattaquable, afin que même nos adversaires soient couverts de honte, ne trouvant aucun mal à dire de nous.

Nous recommandons aux jeunes gens de mener une vie équilibrée, nous efforçant d'être nous-mêmes en tout un modèle d'œuvres bonnes. Nous sommes vigilants à ce que nos enseignements soient fidèles et qu'ils inspirent le respect. Que nos paroles soient justes et inattaquables, afin que même nos adversaires soient couverts de honte, ne trouvant aucun mal à dire de nous.

SUR TA PAROLE ! **1 Jean 4 : 6** Nous, nous appartenons à Dieu. Celui qui connaît Dieu nous écoute, mais celui qui n'appartient pas à Dieu ne nous écoute pas. De cette manière, nous pouvons distinguer l'esprit de la vérité de l'esprit de l'erreur.

Nous t'appartenons notre Dieu. Celui qui te connaît nous écoute mais celui qui ne t'appartient pas ne nous écoute pas. Ainsi nous distinguons l'esprit de la vérité de l'esprit de l'erreur.

Qu'il nous soit fait selon Ta Parole
Je te fais confiance

Donne-nous aujourd'hui notre pain quotidien

Croissance

Croissance

SUR TA PAROLE ! **Psaume 25 : 9** Il conduit les humbles dans la justice, il leur enseigne sa voie.

Notre Dieu, notre Père, tu nous conduis, nous les humbles, dans la justice, et tu nous enseignes ta voie.

SUR TA PAROLE ! **Psaume 11 : 7** Car l'Eternel est un Dieu juste, un Dieu qui aime la justice. Les hommes droits verront sa face.

Eternel tu es un Dieu juste, un Dieu qui aime la justice. Nous nous attachons à être droits et nous verrons ta face.

SUR TA PAROLE ! **Proverbes 21 : 21** Celui qui cherche à être juste et bon trouvera la vie, il sera traité avec justice et honoré.

Nous cherchons à être justes et bons et nous trouvons la vie, nous serons traités avec justice et serons honorés.

SUR TA PAROLE ! **1 Pierre 2 : 2** Comme des enfants nouveau-nés, désirez ardemment le lait pur de la Parole, afin qu'il vous fasse grandir en vue du salut,

Comme des enfants nouveau-nés, nous désirons ardemment le lait pur de la Parole, afin qu'il nous fasse grandir en vue du salut,

SUR TA PAROLE ! **Jean 8 : 31** Si vous vous attachez à la Parole que je vous ai annoncée, vous êtes vraiment mes disciples.

Nous nous attachons à la Parole que tu nous as annoncée, nous sommes vraiment tes disciples.

SUR TA PAROLE ! **Jean 15 : 8** Si vous produisez du fruit en abondance vous prouvez ainsi que vous êtes vraiment mes disciples.

Nous produisons du fruit en abondance et nous prouvons ainsi que nous sommes vraiment tes disciples.

SUR TA PAROLE ! **Colossiens 2 : 6-7** … puisque vous avez reçu le Christ, Jésus le Seigneur, comportez-vous comme des gens unis à lui : enracinez-vous en lui, construisez toute votre vie sur lui et attachez-vous de plus en plus fermement à la foi conforme à ce qu'on vous a enseigné. Agissez ainsi en adressant à Dieu de nombreuses prières de reconnaissance.

Puisque nous t'avons reçu Christ, Jésus le Seigneur, nous nous comportons comme des gens unis à toi : nous nous enracinons en toi, nous construisons toute notre vie sur toi et nous nous attachons de plus en plus fermement à la foi conforme à ce qu'on nous a enseigné. Nous agissons ainsi en adressant à Dieu notre Père de nombreuses prières de reconnaissance.

SUR TA PAROLE ! **2 Timothée 2 : 7** Comprends ce que je dis, et que le Seigneur te donne en effet de l'intelligence en toute chose.

Nous comprenons ce que tu nous dis, Seigneur, tu nous donnes en effet de l'intelligence en toute chose.

SUR TA PAROLE ! **2 Corinthiens 6 : 17- 18** … ne touchez pas à ce qui est impur, et je vous accueillerai. Je serai pour vous un père, et vous serez pour moi des fils et des filles, dit le Seigneur, le Tout-Puissant.

Nous ne touchons pas à ce qui est impur et tu nous accueilles. Tu es pour nous un père, et nous sommes pour toi des fils et des filles, comme tu le dis Seigneur Dieu Tout-Puissant.

SUR TA PAROLE ! **2 Pierre 3 : 18** … progressez sans cesse dans la grâce et dans la connaissance de notre Seigneur et Sauveur Jésus-Christ. A lui soit la gloire dès maintenant et pour l'éternité. Amen.

Nous progressons sans cesse dans la grâce et dans la connaissance de notre Seigneur et Sauveur Jésus-Christ. A toi soit la gloire dès maintenant et pour l'éternité. Amen.

SUR TA PAROLE ! **1 Thessaloniciens 4 : 1** …puisque vous avez appris de nous comment vous devez vous conduire et plaire à Dieu, et que c'est là ce que vous faites, nous vous prions et nous vous conjurons au nom du Seigneur Jésus de marcher à cet égard de progrès en progrès.

Nous avons appris comment nous devons nous conduire et te plaire notre Dieu, et c'est là ce que nous faisons et nous prions et nous nous encourageons, au nom du Seigneur Jésus, à marcher à cet égard de progrès en progrès.

SUR TA PAROLE ! **Psaume 17 : 5** Je me suis tenu fermement à la voie que tu as tracée, et mes pieds n'ont pas chancelé.

Nous nous tenons fermement à la voie que tu as tracée, et nos pieds ne chancellent pas.

SUR TA PAROLE ! **2 Pierre 1 : 5-7** …faites tous vos efforts pour ajouter à votre foi la force de caractère, à la force de caractère la connaissance, à la connaissance la maîtrise de soi, à la maîtrise de soi l'endurance dans l'épreuve, à l'endurance l'attachement à Dieu, à cet attachement l'affection fraternelle, et à l'affection fraternelle l'amour.

Nous faisons tous nos efforts pour ajouter à notre foi la force de caractère, à la force de caractère la connaissance, à la connaissance la maîtrise de soi, à la maîtrise de soi l'endurance dans l'épreuve, à l'endurance l'attachement à Dieu, à cet attachement l'affection fraternelle, et à l'affection fraternelle l'amour.

SUR TA PAROLE ! **Jacques 1 : 4-5** Mais il faut que la persévérance accomplisse parfaitement sa tâche afin que vous soyez parfaitement qualifiés, sans défaut, et qu'il ne vous manque rien.

La persévérance accomplit parfaitement sa tâche afin que nous soyons parfaitement qualifiés, sans défaut, et qu'il ne nous manque rien.

SUR TA PAROLE ! **2 Corinthiens 3 : 18** Et nous tous qui, le visage découvert, contemplons, comme dans un miroir, la gloire du Seigneur, nous sommes transformés en son image dans une gloire dont l'éclat ne cesse de grandir. C'est là l'œuvre du Seigneur, c'est-à-dire de l'Esprit.

Et nous tous qui, le visage découvert, contemplons, comme dans un miroir, ta gloire Seigneur, nous sommes transformés en ton image dans une gloire dont l'éclat ne cesse de grandir. C'est là l'œuvre du Seigneur, c'est-à-dire de l'Esprit.

SUR TA PAROLE ! **Psaume 20 : 6** Nous nous réjouirons de ton salut, Nous lèverons l'étendard au nom de notre Dieu ;

Nous nous réjouissons de ton salut, Nous levons l'étendard au nom de notre Dieu ;

Qu'il nous soit fait selon Ta Parole

Je te fais confiance

Discernement

Donne-nous aujourd'hui notre pain quotidien

Discernement

SUR TA PAROLE ! **Philippiens 1 : 9** Et voici ce que je demande dans mes prières : c'est que votre amour augmente de plus en plus en connaissance et en pleine intelligence pour le discernement des choses les meilleures. Ainsi vous serez purs et irréprochables pour le jour de Christ,

Nous demandons dans nos prières que notre amour augmente de plus en plus en connaissance et en pleine intelligence pour le discernement des choses les meilleures. Ainsi nous serons purs et irréprochables pour le jour de Christ,

SUR TA PAROLE ! **1 Corinthiens 14 : 1** Ainsi, recherchez avant tout l'amour ; aspirez en outre aux manifestations de l'Esprit, et surtout au don de prophétie.

Nous recherchons avant tout l'amour ; nous aspirons en outre aux manifestations de l'Esprit, et surtout au don de prophétie.

SUR TA PAROLE ! **1 Jean 4 : 1-2** Bien-aimés, ne vous fiez pas à tout esprit mais mettez les esprits à l'épreuve pour savoir s'ils sont de Dieu… Voici comment identifier l'Esprit de Dieu : tout esprit qui reconnaît que Jésus est le Messie venu en homme est de Dieu.

Nous ne nous fions pas à tout esprit mais nous mettons les esprits à l'épreuve pour savoir s'ils sont de toi notre Dieu… Nous identifions ainsi ton Esprit par le fait que tout esprit qui reconnait que Jésus est le Messie venu en homme, est de toi notre Dieu.

Qu'il nous soit fait selon Ta Parole

Je te fais confiance

Fidélité

Fidélité

SUR TA PAROLE ! **Psaume 111 : 7-8** Tout ce qu'il fait témoigne qu'il est fidèle et juste, tous ses commandements sont dignes de confiance, ils sont bien établis pour toute éternité, fondés sur la justice et la fidélité.

Tout ce que tu fais témoigne que tu es fidèle et juste, tous tes commandements sont dignes de confiance, ils sont bien établis pour toute éternité, fondés sur la justice et la fidélité.

SUR TA PAROLE ! **Psaume 37 : 23-24** L'Éternel affermit les pas de l'homme, Et il prend plaisir à sa voie ; S'il tombe, il n'est pas terrassé, Car l'Éternel lui prend la main.

Éternel tu affermis nos pas, Et tu prends plaisir à notre voie ; Si nous tombons, nous ne sommes pas terrassés, Car Éternel tu nous prends la main.

SUR TA PAROLE ! **1 Corinthiens 10 : 13** Aucune tentation ne vous est survenue qui n'ait été humaine. Dieu est fidèle, et il ne permettra pas que vous soyez tentés au-delà de vos forces ; mais avec la tentation il préparera aussi le moyen d'en sortir, afin que vous puissiez la supporter.

Aucune tentation ne nous est survenue qui n'ait été humaine. Notre Dieu tu es fidèle, et tu ne permettras pas que nous soyons tentés au-delà de nos forces ; mais avec la tentation tu prépares aussi le moyen d'en sortir, afin que nous puissions la supporter.

SUR TA PAROLE ! **2 Thessaloniciens 3 : 3** Mais le Seigneur, lui, est fidèle : il vous rendra forts et vous gardera du diable

Seigneur tu es fidèle : tu nous rends forts et tu nous gardes du diable.

SUR TA PAROLE ! **Ésaïe 42 : 16** Je ferai marcher les aveugles sur un chemin qu'ils ne connaissent pas, je les conduirai par des sentiers qu'ils ignoraient ; je changerai les ténèbres en lumière devant eux et je redresserai les passages tortueux. Voilà ce que je ferai, et je ne les abandonnerai pas.

Tu nous fais marcher sur un chemin que nous ne connaissions pas, tu nous conduis dans des sentiers que nous ignorions ; tu changes les ténèbres en lumière devant nous et tu redresses les passages tortueux. Voilà ce que tu fais, et tu ne nous abandonnes pas.

SUR TA PAROLE ! **Luc 1 : 50** …et sa bonté s'étend de génération en génération sur ceux qui le craignent.

Ta bonté s'étend de génération en génération sur nous qui te craignons.

SUR TA PAROLE ! **Jérémie 31 : 25** Je désaltérerai ceux qui sont épuisés, je comblerai ceux qui sont languissants.

Tu désaltères ceux qui sont épuisés, tu combles ceux qui sont languissants.

SUR TA PAROLE ! **Psaume 103 : 17-18** Mais la bonté de l'Éternel dure à jamais pour ceux qui le craignent, Et sa miséricorde pour les enfants de leurs enfants, Pour ceux qui gardent son alliance, Et se souviennent de ses commandements afin de les accomplir.

Oui, ta bonté dure à jamais pour nous qui te craignons, Et ta miséricorde pour les enfants de nos enfants, Pour nous qui gardons ton alliance, Et nous souvenons de tes commandements afin de les accomplir.

SUR TA PAROLE ! **Ésaïe 46 : 4** Je resterai le même jusqu'à votre vieillesse et je vous soutiendrai jusqu'à vos cheveux blancs. C'est moi qui vous ai soutenus, et je vous porterai, oui, je vous soutiendrai et vous délivrerai.

Tu restes le même en notre vieillesse et tu nous soutiens lors de nos cheveux blancs. C'est toi qui nous as soutenus, et tu nous portes encore, oui, tu nous soutiens et tu nous délivres.

SUR TA PAROLE ! **Luc 6 : 21** Heureux êtes-vous, vous qui maintenant avez faim, car vous serez rassasiés. Heureux vous qui maintenant pleurez, car vous rirez.

Nous sommes heureux, nous qui maintenant avons faim, car nous serons rassasiés. Heureux nous qui maintenant pleurons, car nous rirons.

SUR TA PAROLE ! **Psaume 132 : 15** Oui, je la bénirai en la comblant de biens, et je rassasierai tous ses pauvres de pain.

Oui, tu nous béniras en nous comblant de biens, et tu rassasieras tous nos pauvres de pain.

SUR TA PAROLE ! **1 Corinthiens 1 : 9** Car Dieu, qui vous a appelés à vivre en communion avec son Fils, notre Seigneur Jésus-Christ, est fidèle.

Notre Dieu, tu nous as appelés à vivre en communion avec ton Fils, notre Seigneur Jésus-Christ et tu es fidèle.

SUR TA PAROLE ! **Psaume 18 : 26** Avec celui qui t'est fidèle, tu es fidèle. Avec qui est irréprochable, tu es irréprochable.

Avec celui qui t'est fidèle, tu es fidèle. Avec qui est irréprochable, tu es irréprochable.

SUR TA PAROLE ! **1 Jean 1 : 9** Si nous reconnaissons nos péchés, il est fidèle et juste et, par conséquent, il nous pardonnera nos péchés et nous purifiera de tout le mal que nous avons commis.

Si nous reconnaissons nos péchés, tu es fidèle et juste et, par conséquent, tu nous pardonnes nos péchés et tu nous purifies de tout le mal que nous avons commis.

SUR TA PAROLE ! **Romains 5 : 9** Puisque nous sommes maintenant considérés comme justes grâce à son sang, nous serons à bien plus forte raison sauvés par lui de la colère de Dieu.

Puisque nous sommes maintenant considérés comme justes grâce à ton sang Jésus, nous serons à bien plus forte raison sauvés par lui de la colère de Dieu notre Père.

SUR TA PAROLE ! **Philippiens 1 : 6** Et, j'en suis fermement persuadé : celui qui a commencé en vous son œuvre bonne la poursuivra jusqu'à son achèvement au jour de Jésus-Christ.

Nous sommes fermement persuadés Père que tu as commencé en nous ton œuvre bonne et que tu la poursuivras jusqu'à son achèvement au jour de Jésus-Christ.

SUR TA PAROLE ! **Luc 21 : 19** En tenant bon, vous parviendrez au salut.

Nous tenons bon et nous parviendrons au salut. Amen !

SUR TA PAROLE ! **Psaume 100 : 5** Car l'Eternel est bon, car son amour dure à toujours et sa fidélité s'étendra d'âge en âge.

Eternel tu es bon, car ton amour dure à toujours et ta fidélité s'étend d'âge en âge.

SUR TA PAROLE ! **Lamentations 3 : 22-23** Car les bontés de l'Eternel ne sont pas à leurs termes et ses tendresses ne sont pas épuisées. Chaque matin, elles se renouvellent. Oui, ta fidélité est grande !

Tes bontés Eternel ne sont pas à leurs termes et tes tendresses ne sont pas épuisées. Chaque matin, elles se renouvellent. Oui, ta fidélité est grande !

Qu'il nous soit fait selon Ta Parole

Je te fais confiance

Donne-nous aujourd'hui notre pain quotidien

Amour de Dieu

Amour de Dieu

SUR TA PAROLE ! **Deutéronome 7 : 9** Reconnais donc que l'Eternel ton Dieu est le seul vrai Dieu, un Dieu fidèle à son alliance en témoignant de l'amour pour mille générations envers ceux qui l'aiment et qui obéissent à ses commandements.

Nous reconnaissons donc Eternel notre Dieu que tu es le seul vrai Dieu, un Dieu fidèle à ton alliance en témoignant de l'amour pour mille générations envers nous qui t'aimons et qui obéissons à tes commandements.

SUR TA PAROLE ! **1 Jean 5 : 3** Car l'amour de Dieu consiste à garder ses commandements. Et ses commandements ne sont pas pénibles,

Nous t'aimons notre Dieu, nous gardons tes commandements. Et tes commandements ne sont pas pénibles,

SUR TA PAROLE ! **Psaume 91 : 14/15** Puisqu'il m'aime ... Il m'invoquera, je lui répondrai, oui, je serai avec lui au moment de la détresse, et je le délivrerai, je le couvrirai de gloire.

Puisque nous t'aimons ... Nous t'invoquons, tu nous réponds, oui, tu es avec nous au moment de la détresse, et tu nous délivres, tu nous couvres de gloire.

SUR TA PAROLE ! **Jean 14 : 21** Celui qui a mes commandements et qui les garde, c'est celui qui m'aime; et celui qui m'aime sera aimé de mon Père, je l'aimerai, et je me ferai connaître à lui.

Nous avons tes commandements et nous les gardons, nous t'aimons ; et nous sommes aimés du Père, Tu nous aimes, et tu te fais connaître à nous.

SUR TA PAROLE ! **Romains 8 : 38-39** …ni la mort ni la vie, ni les anges ni les dominations, ni le présent ni l'avenir, ni les puissances, ni ce qui est en haut ni ce qui est en bas, ni aucune autre créature, rien ne pourra nous arracher à l'amour que Dieu nous a témoigné en Jésus-Christ notre Seigneur.

Ni la mort ni la vie, ni les anges ni les dominations, ni le présent ni l'avenir, ni les puissances, ni ce qui est en haut ni ce qui est en bas, ni aucune autre créature, rien ne pourra nous arracher à l'amour que, notre Dieu, tu nous as témoigné en Jésus-Christ notre Seigneur.

SUR TA PAROLE ! **Jean 14 : 23** Jésus lui répondit : Si quelqu'un m'aime, il gardera ma parole, et mon Père l'aimera ; nous viendrons à lui, et nous ferons notre demeure chez lui.

Nous t'aimons Jésus, nous gardons ta parole et le Père nous aime : vous venez à nous, et vous faîtes votre demeure chez nous.

SUR TA PAROLE ! **Psaume 103 : 13** Comme un père a compassion de ses enfants, L'Éternel a compassion de ceux qui le craignent.

Eternel, comme un père qui a compassion de ses enfants, tu as compassion de nous qui te craignons.

SUR TA PAROLE ! **Ésaïe 54 : 10** Même si les montagnes se mettaient à bouger, même si les collines venaient à chanceler, mon amour envers toi ne bougera jamais ; mon alliance de paix ne chancellera pas, déclare l'Eternel, rempli de tendresse pour toi.

Même si les montagnes se mettaient à bouger, même si les collines venaient à chanceler, Ton amour envers nous ne bougera jamais ; Ton alliance de paix ne chancellera pas, c'est là ce que, rempli de tendresse, Eternel, tu déclares pour nous.

SUR TA PAROLE ! **Luc 6 : 21** Heureux êtes-vous, vous qui maintenant avez faim, car vous serez rassasiés. Heureux vous qui maintenant pleurez, car vous rirez.

Nous sommes heureux, nous qui maintenant avons faim, car nous serons rassasiés. Heureux nous qui maintenant pleurons, car nous rirons.

SUR TA PAROLE ! **Psaume 73 : 1-2** Oui, Dieu est bon pour Israël, pour tous ceux qui ont le cœur pur. Pourtant, il s'en fallut de peu que mes pieds ne trébuchent, un rien de plus, et je tombais.

Oui, notre Dieu tu es bon pour nous et pour tous ceux qui ont le cœur pur. Pourtant, il s'en fallut de peu que nos pieds ne trébuchent, un rien de plus, et nous tombions.

SUR TA PAROLE ! **Psaume 91 : 14 et 16** Puisqu'il m'aime… Je le comblerai de jours et je lui ferai connaître mon salut.

Nous t'aimons …. Tu nous combleras de jours et tu nous fais connaître ton salut.

SUR TA PAROLE ! **Colossiens 2 : 13-14**… Dieu vous a donné la vie avec le Christ….

Notre Dieu tu nous as donné la vie avec le Christ.

SUR TA PAROLE ! **Psaume 145 : 8** L'Eternel est plein de grâce et de compassion, lent à la colère et riche en amour.

Eternel tu es plein de grâce et de compassion, lent à la colère et riche en amour !

SUR TA PAROLE ! **2 Pierre 3 : 9** Le Seigneur n'est pas en retard dans l'accomplissement de sa promesse, comme certains se l'imaginent, il fait simplement preuve de patience à votre égard, car il ne veut pas qu'un seul périsse. Il voudrait, au contraire, que tous parviennent à se convertir.

Seigneur tu n'es pas en retard dans l'accomplissement de ta promesse, comme certains se l'imaginent, tu fais simplement preuve de patience à notre égard, car tu ne veux pas qu'un seul périsse. Tu voudrais, au contraire, que tous parviennent à se convertir.

SUR TA PAROLE ! **Jérémie 31 : 3** Dès les temps reculés, l'Eternel lui est apparu et lui a dit : D'un amour éternel, je t'aime, c'est pourquoi je t'attire par l'affection que je te porte.

Seigneur, d'un amour éternel, tu nous aimes, c'est pourquoi tu nous attires par l'affection que tu nous portes.

SUR TA PAROLE ! **Psaume 108 : 5** Ton amour s'élève plus haut que les cieux, ta fidélité jusqu'aux nues !

Ton amour s'élève plus haut que les cieux, ta fidélité jusqu'aux nues !

Qu'il nous soit fait selon Ta Parole

Je te fais confiance

Evangélisation

Evangélisation

SUR TA PAROLE ! **1 Jean 4 : 10** ce n'est pas nous qui avons aimé Dieu, mais c'est lui qui nous a aimés ; aussi a-t-il envoyé son Fils pour apaiser la colère de Dieu contre nous en s'offrant pour nos péchés.

Ce n'est pas nous qui t'avons aimé notre Dieu, mais c'est toi qui nous as aimés ; tu as envoyé ton Fils pour apaiser ta colère contre nous, en s'offrant pour nos péchés.

SUR TA PAROLE ! **Exode 4 : 12** Va donc, je serai avec ta bouche, et je t'enseignerai ce que tu auras à dire.

Nous allons, tu es avec notre bouche, et tu nous enseignes ce que nous avons à dire.

SUR TA PAROLE ! **Matthieu 28 : 20** ... je suis avec vous tous les jours, jusqu'à la fin du monde.

Jésus tu es avec nous tous les jours, jusqu'à la fin du monde.

SUR TA PAROLE ! **Jean 6 : 37** Tous ceux que le Père me donne viendront à moi, et je ne repousserai pas celui qui vient à moi.

Tous ceux que le Père nous donne viendront à Lui, et de même nous ne repousserons pas ceux qui viennent à Lui par nous.

SUR TA PAROLE ! **Luc 15 : 10** De même, je vous le déclare, il y a de la joie parmi les anges de Dieu pour un seul pécheur qui change de vie.

Tu le déclares notre Dieu, il y a de la joie parmi les anges pour un seul pécheur qui change de vie.

SUR TA PAROLE ! **Matthieu 28 : 18-20** Alors Jésus s'approcha d'eux et leur parla ainsi : J'ai reçu tout pouvoir dans le ciel et sur la terre : allez donc dans le monde entier, faites des disciples parmi tous les peuples, baptisez-les au nom du Père, du Fils et du Saint-Esprit et apprenez-leur à obéir à tout ce que je vous ai prescrit.

Et voici : je suis moi-même avec vous chaque jour, jusqu'à la fin du monde.

Tu as reçu tout pouvoir dans le ciel et sur la terre : nous allons donc dans le monde entier, faire des disciples parmi tous les peuples, nous les baptisons au nom du Père, du Fils et du Saint-Esprit et nous leur apprenons à obéir à tout ce que tu nous as prescrit. Et voici : tu es toi-même avec nous chaque jour, jusqu'à la fin du monde.

Qu'il nous soit fait selon Ta Parole
Je te fais confiance

Donne-nous aujourd'hui notre pain quotidien

Obéissance à Dieu

Obéissance à Dieu

SUR TA PAROLE ! **Psaume 34 : 12** Venez, mes fils, écoutez-moi ! Je vous enseignerai la crainte de l´Éternel.

Nous t'écoutons, nous tes fils ! Tu nous enseignes la crainte de l´Éternel.

SUR TA PAROLE ! **Deutéronome 11 : 18** Mettez mes commandements dans votre cœur et dans votre âme. Vous les attacherez comme un signe sur vos mains et ils seront comme une marque entre vos yeux.

Nous mettons tes commandements dans notre cœur et dans notre âme. Nous les attachons comme un signe sur nos mains et ils sont comme une marque entre nos yeux.

SUR TA PAROLE ! **Psaume 77 : 13** je veux méditer sur tes œuvres, et réfléchir à tes hauts faits.

Je veux méditer sur tes œuvres, et réfléchir à tes hauts faits.

SUR TA PAROLE ! **Deutéronome 7 : 12-15** Si vous écoutez ces ordonnances, si vous les observez et les mettez en pratique, l'Éternel, ton Dieu, gardera envers toi l'alliance et la miséricorde qu'il a jurées à tes pères. Il t'aimera, il te bénira et te multipliera ; il bénira le fruit de tes entrailles et le fruit de ton sol, ton blé, ton moût et ton huile, les portées de ton gros et de ton menu Bétail, dans le pays qu'il a juré à tes pères de te donner. Tu seras béni plus que tous les peuples ; il n'y aura chez toi ni homme ni femme stérile, ni bête stérile parmi tes troupeaux. L'Éternel éloignera de toi toute maladie ; il ne t'enverra aucune de ces mauvaises maladies d'Égypte qui te sont connues, mais il en frappera tous ceux qui te haïssent.

Eternel notre Dieu nous écoutons tes ordonnances, nous les observons et les mettons en pratique et tu garderas envers nous l'alliance et la miséricorde que tu as jurées à nos pères. Tu nous aimes, tu nous bénis et tu nous multiplies ; tu bénis le fruit de nos entrailles et le fruit de notre sol, notre blé, notre

moût et notre huile, les portées de notre gros et de notre menu bétail, dans le pays que tu as juré à nos pères de nous donner. Nous serons bénis plus que tous les peuples ; il n'y aura chez nous ni homme ni femme stérile, ni bête stérile parmi nos troupeaux. Éternel tu éloigneras de nous toute maladie ; tu ne nous enverras aucune de ces mauvaises maladies d'Égypte (pays où je vis) qui nous sont connues,

SUR TA PAROLE ! **Deutéronome 29 : 9** Vous respecterez donc les paroles de cette alliance, vous les mettrez en pratique, afin que vous réussissiez dans tout ce que vous entreprendrez.

Nous respectons les paroles de cette alliance, nous les mettons en pratique, afin que nous réussissions dans tout ce que nous entreprenons.

SUR TA PAROLE ! **Deutéronome 28 : 1** Si tu obéis à la voix de l'Éternel, ton Dieu, en observant et en mettant en pratique tous ses commandements que je te prescris aujourd'hui, l'Éternel, ton Dieu, te donnera la supériorité sur toutes les nations de la terre.

Eternel nous obéissons à ta voix notre Dieu, en observant et en mettant en pratique tous tes commandements que tu nous a prescris aujourd'hui, Éternel notre Dieu tu nous donnes la supériorité dans les situations que nous vivons.

SUR TA PAROLE ! **Job 36 : 11** S'ils écoutent, et se soumettent, ils finissent leurs jours dans le bonheur, et leurs années s'achèvent dans les délices.

Nous déclarons que nous écoutons, et nous nous soumettons, nous finirons nos jours dans le bonheur, et nos années s'achèveront dans les délices.

SUR TA PAROLE ! **Proverbes 3 : 1-2** Mon fils, n'oublie pas mes instructions et que ton cœur retienne mes commandements, car ils rallongeront tes jours et ajouteront des années à la durée de ta vie et t'assureront le bonheur.

En tant que fils/filles, nous n'oublions pas tes instructions et nos cœurs retiennent tes commandements, car ils rallongeront nos jours et ajouteront des années à la durée de nos vies et nous assurent le bonheur.

SUR TA PAROLE ! **Psaume 119 : 97** Oh ! que j'aime ta Loi ! Je la médite tout le jour.

Combien nous aimons ta Loi ! Nous la méditons tout le jour.

SUR TA PAROLE ! **Psaume 1 : 2-3** …mais qui trouve son plaisir dans la loi de l'Eternel et la médite jour et nuit ! Il ressemble à un arbre planté près d'un cours d'eau : il donne son fruit en sa saison, et son feuillage ne se flétrit pas. Tout ce qu'il fait lui réussit.

Eternel, nous trouvons notre plaisir dans ta loi et la méditons jour et nuit ! Nous ressemblons à un arbre planté près d'un cours d'eau : nous donnons notre fruit en notre saison, et notre feuillage ne se flétrit pas. Tout ce que nous faisons nous réussit.

SUR TA PAROLE ! **Psaume 119 : 15** Je veux méditer sur tes ordres, et fixer mes regards sur les voies que tu traces.

Nous voulons méditer sur tes ordres, et nous fixons nos regards sur les voies que tu traces.

SUR TA PAROLE ! **Romains 2 : 13** Car ce ne sont pas ceux qui se contentent d'écouter la lecture de la Loi qui seront justes aux yeux de Dieu. Non, seuls ceux qui accomplissent les prescriptions de la Loi sont considérés comme justes.

Nous ne voulons pas nous contenter d'écouter la lecture de la Loi pour être justifiés à tes yeux notre Dieu. Non, nous voulons accomplir les prescriptions de la loi afin d'être considérés justes.

SUR TA PAROLE ! **Psaume 119 : 1** Heureux ceux dont la conduite est intègre, ceux qui marchent suivant la loi de l'Eternel !

Nous sommes heureux en ayant une conduite intègre, et en marchant suivant ta loi Eternel !

SUR TA PAROLE ! **Romains 5 : 19** …de même par l'obéissance d'un seul beaucoup seront rendus justes.

Par ton obéissance Jésus nous sommes rendus justes.

SUR TA PAROLE ! **Psaume 18 : 21** Oui, l'Eternel a bien voulu me traiter selon ma justice, il a vu que mes mains sont pures ; l'Eternel m'a récompensé,

Oui Eternel tu as bien voulu nous traiter selon notre justice, tu as vu que nos mains sont pures ; Eternel tu nous as récompensés,

SUR TA PAROLE ! **1 Thessaloniciens 5 : 21-22** Mais examinez toutes choses ; retenez ce qui est bon ; abstenez-vous de toute espèce de mal.

Nous examinons toutes choses ; nous retenons ce qui est bon et nous nous abstenons de toute espèce de mal.

SUR TA PAROLE ! **Luc 11 : 28** Heureux plutôt ceux qui écoutent la Parole de Dieu et qui y obéissent !

Heureux sommes-nous d'écouter ta Parole notre Dieu et d'y obéir !

SUR TA PAROLE ! **Matthieu 7 : 24-25** C'est pourquoi, celui qui écoute ce que je dis et qui l'applique, ressemble à un homme sensé qui a bâti sa maison sur le roc.

Nous écoutons ce que tu nous dis Seigneur et nous l'appliquons, nous ressemblons à un homme sensé qui a bâti sa maison sur le roc.

SUR TA PAROLE ! **Ecclésiaste 5 : 4** Mieux vaut pour toi ne point faire de vœux, que d'en faire un et de ne pas l'accomplir.

Nous ne faisons pas de vœux, plutôt que d'en faire un et de ne pas l'accomplir.

SUR TA PAROLE ! **Psaume 48 : 10** Nous méditons sur ton amour, ô Dieu, au milieu de ton temple !

Nous méditons sur ton amour, ô Dieu, au milieu de ton temple !

SUR TA PAROLE ! **Jacques 1 : 25** Voici, au contraire, un homme qui scrute la loi parfaite qui donne la liberté, il lui demeure fidèlement attaché et, au lieu de l'oublier après l'avoir entendue, il y conforme ses actes : cet homme sera heureux dans tout ce qu'il fait.

Nous scrutons la loi parfaite qui donne la liberté, nous lui demeurons fidèlement attachés au lieu de l'oublier après l'avoir entendue et nous y conformons nos actes : nous serons heureux dans tout ce que nous faisons.

SUR TA PAROLE ! **Luc 12 : 31** Faites donc plutôt du règne de Dieu votre préoccupation première, et ces choses vous seront données en plus.

Notre Dieu nous faisons de ton règne notre préoccupation première, et toutes choses dont nous avons besoin nous seront données en plus.

SUR TA PAROLE ! **1 Jean 3 : 1** Voyez combien le Père nous a aimés pour que nous puissions être appelés enfants de Dieu et nous le sommes ! Voici pourquoi le monde ne reconnaît pas qui nous sommes : c'est qu'il n'a pas connu le Christ.

Nous voyons combien Père tu nous as aimés pour que nous puissions être appelés enfants de Dieu et nous le sommes ! Voici pourquoi le monde ne reconnaît pas qui nous sommes : c'est qu'il n'a pas connu le Christ.

SUR TA PAROLE ! **Luc 6 : 38** Donnez, et il vous sera donné : on versera dans votre sein une bonne mesure, serrée, secouée et qui déborde ; car on vous mesurera avec la mesure dont vous vous serez servis.

Nous donnons, et il nous sera donné : on versera dans notre sein une bonne mesure, serrée, secouée et qui déborde ; car on nous mesurera avec la mesure dont nous nous serons servis.

SUR TA PAROLE ! **Éphésiens 5 : 1-2** Puisque vous êtes les enfants bien-aimés de Dieu, suivez l'exemple de votre Père. Que toute votre vie soit dirigée par l'amour, comme cela a été le cas pour le Christ : il nous a aimés et a livré lui-même sa vie à Dieu pour nous comme une offrande et un sacrifice dont le parfum plaît à Dieu.

Puisque nous sommes tes enfants bien aimés notre Dieu, nous suivons ton exemple. Nous nous efforçons à ce que toute notre vie soit dirigée par l'amour, comme cela a été le cas pour le Christ : il nous a aimés et t'a livré lui-même sa vie, pour nous, comme une offrande et un sacrifice dont le parfum te plaît notre Dieu.

SUR TA PAROLE ! **2 Corinthiens 9 : 7** Que chacun donne ce qu'il aura décidé en son cœur, sans regret ni contrainte, car Dieu aime celui qui donne avec joie.

Nous donnons ce que nous avons décidé en notre cœur, sans regret ni contrainte, car notre Dieu tu aimes celui qui donne avec joie.

SUR TA PAROLE ! **Galates 3 : 26-28** Maintenant, par la foi en Jésus-Christ, vous êtes tous fils de Dieu. Car vous tous qui avez été baptisés pour le Christ, vous vous êtes revêtus du Christ. Il n'y a donc plus de différence entre les Juifs et les non-Juifs, entre les esclaves et les hommes libres, entre les hommes et les femmes. Unis à Jésus-Christ, vous êtes tous un.

Par la foi en Jésus-Christ, nous sommes tous fils de Dieu. Car nous tous qui avons été baptisés pour le Christ, nous nous sommes revêtus du Christ. Il n'y a donc plus de différence entre les Juifs et les non-Juifs, entre les esclaves et les hommes libres, entre les hommes et les femmes. Unis à Jésus-Christ, nous sommes tous un.

SUR TA PAROLE ! **Proverbes 25 : 21** Si ton ennemi a faim, donne-lui à manger, s'il a soif, donne-lui à boire.

Si notre ennemi a faim, nous lui donnons à manger, s'il a soif, nous lui donnons à boire.

SUR TA PAROLE ! **Luc 6 : 30** Donne à tous ceux qui te demandent, et si quelqu'un te prend ce qui t'appartient, n'exige pas qu'il te le rende.

Nous donnons à tous ceux qui nous demandent, et si quelqu'un nous prend ce qui nous appartient, nous n'exigeons pas qu'il nous le rende.

SUR TA PAROLE ! **Psaume 20 : 4** Qu'il se souvienne de toutes tes offrandes, Et qu'il agrée tes holocaustes !

Souviens-toi Père de toutes nos offrandes !

SUR TA PAROLE ! **Psaume 37 : 25** J'étais un enfant et me voilà vieux, jamais je n'ai vu celui qui est juste être abandonné, ni ses descendants mendier leur pain.

Nous étions des enfants et nous voilà vieux, jamais nous n'avons vu celui qui est juste être abandonné, ni ses descendants mendier leur pain.

SUR TA PAROLE ! **Actes 20 : 35** Je vous ai montré partout et toujours qu'il faut travailler ainsi pour aider les pauvres. Souvenons-nous de ce que le Seigneur Jésus lui-même a dit : « Il y a plus de bonheur à donner qu'à recevoir ».

Ton serviteur Paul nous a montré partout et toujours que nous devons travailler pour aider les pauvres. Nous nous souvenons de ce que Seigneur Jésus tu as dit toi-même : « Il y a plus de bonheur à donner qu'à recevoir. »

SUR TA PAROLE ! **Proverbes 28 : 27** Celui qui donne aux pauvres ne sera pas dans le besoin,

Puisque nous donnons aux pauvres nous ne serons pas dans le besoin,

SUR TA PAROLE ! **Psaume 34 : 10** Les lionceaux éprouvent la disette et la faim, Mais ceux qui cherchent l'Éternel ne sont privés d'aucun bien.

Les lionceaux éprouvent la disette et la faim, Mais nous qui te cherchons Éternel, nous ne sommes privés d'aucun bien.

SUR TA PAROLE ! **Malachie 3 : 10** Apportez à la maison du trésor toutes les dîmes, Afin qu'il y ait de la nourriture dans ma maison ; Mettez-moi de la sorte à l'épreuve, Dit l'Éternel des armées. Et vous verrez si je n'ouvre pas pour vous les écluses des cieux, Si je ne répands pas sur vous la bénédiction en abondance.

Nous apportons à la maison du trésor toutes les dîmes, Afin qu'il y ait de la nourriture dans ta maison ; Nous te mettons ainsi à l'épreuve Éternel des armées. Et nous verrons si tu n'ouvres pas pour nous les écluses des cieux, Si tu ne répands pas sur nous la bénédiction en abondance.

SUR TA PAROLE ! **1 Jean 2 : 17** Or le monde passe avec tous ses attraits, mais celui qui accomplit la volonté de Dieu demeure éternellement.

Le monde passe avec tous ses attraits, mais en accomplissant ta volonté notre Dieu nous demeurons éternellement.

Qu'il nous soit fait selon Ta Parole
Je te fais confiance

Donne-nous aujourd'hui notre pain quotidien

Travail Intérieur

Travail Intérieur

SUR TA PAROLE ! **Jacques 3 : 14-15…17** Mais si votre cœur est plein d'amère jalousie, si vous êtes animés d'un esprit querelleur, il n'y a vraiment pas lieu de vous vanter ; ce serait un défi à la vérité. Une telle sagesse ne vient certainement pas du ciel, elle est de ce monde, de l'homme livré à ses seules ressources, elle est démoniaque… Au contraire, la sagesse qui vient d'en haut est en premier lieu pure ; de plus, elle aime la paix, elle est modérée et conciliante, pleine de bonté ; elle produit beaucoup de bons fruits, elle est sans parti pris et sans hypocrisie.

Nous refusons d'avoir un cœur plein d'amère jalousie, nous refusons d'être animés d'un esprit querelleur, nous ne voulons pas nous vanter et défier la vérité. Nous désirons la sagesse qui vient d'en haut qui est en premier lieu pure ; de plus, nous aimons la paix, elle nous rend modérés et conciliants, pleins de bonté ; elle produit en nous beaucoup de bons fruits, elle est sans parti pris et sans hypocrisie.

SUR TA PAROLE ! **Matthieu 10 : 16** Voici, je vous envoie comme des brebis au milieu des loups. Soyez donc sages comme les serpents, et simples comme les colombes.

Voici, tu nous envoies comme des brebis au milieu des loups. Donne-nous Seigneur d'être sages comme les serpents, et simples comme les colombes.

SUR TA PAROLE ! **Jacques 1 : 5** Si l'un de vous manque de sagesse, qu'il la demande à Dieu qui la lui donnera, car il donne à tous généreusement et sans faire de reproche.

Nous te demandons la sagesse notre Dieu, car tu donnes à tous généreusement et sans faire de reproche.

SUR TA PAROLE ! **Proverbes 4 : 11** Je te montre la voie de la sagesse, Je te conduis dans les sentiers de la droiture.

Tu nous montres la voie de la sagesse, Tu nous conduis dans les sentiers de la droiture.

SUR TA PAROLE ! **Ecclésiaste 7 : 19** La sagesse rendra le sage plus fort que 10 chefs présents dans une ville.

La sagesse rend le sage plus fort que 10 chefs présents dans une ville.

SUR TA PAROLE ! **Ésaïe 26 : 3** A celui qui est ferme dans ses dispositions, tu assures une paix parfaite, parce qu'il se confie en toi.

Nous sommes fermes dans nos dispositions ainsi tu nous assures une paix parfaite, parce que nous nous confions en toi.

SUR TA PAROLE ! **Colossiens 3 :9-10** Ne mentez pas les uns aux autres, vous étant dépouillés du vieil homme et de ses œuvres et vous étant revêtus de l'homme nouveau. Celui-ci se renouvelle pour être l'image de son Créateur afin de parvenir à la pleine connaissance.

Ne nous mentons pas les uns aux autres, étant dépouillés du vieil homme et nous étant revêtus de l'homme nouveau. Celui-ci se renouvelle pour être l'image de notre Créateur afin de parvenir à la pleine connaissance. Je ne mens pas, m'étant dépouillé du vieil homme et m'étant revêtu de l'homme nouveau.

SUR TA PAROLE ! **2 Corinthiens 5 : 9** C'est aussi pour cela que nous nous efforçons de lui être agréables, soit que nous vivions dans ce corps, soit que nous le quittions.

C'est aussi pour cela que nous nous efforçons de t'être agréables, soit que nous vivions dans ce corps, soit que nous le quittions.

SUR TA PAROLE ! **Jacques 4 : 4** Peuple adultère que vous êtes ! Ne savez-vous pas qu'aimer le monde, c'est haïr Dieu ? Si donc quelqu'un veut être l'ami du monde, il se fait l'ennemi de Dieu.

Nous ne sommes pas un peuple adultère ! Nous haïssons le monde, nous aimons Dieu. Nous sommes ennemis du monde, nous les amis de Dieu.

SUR TA PAROLE ! **Romains 6 : 23** Car le salaire que verse le péché, c'est la mort, mais le don gratuit que Dieu accorde, c'est la vie éternelle dans l'union avec Jésus-Christ notre Seigneur.

Car le salaire que verse le péché, c'est la mort, mais le don gratuit que tu nous accordes notre Dieu, c'est la vie éternelle dans l'union avec Jésus-Christ notre Seigneur.

SUR TA PAROLE ! **Jacques 4 : 1-3** D'où proviennent les conflits et les querelles entre vous ? N'est-ce pas des désirs égoïstes qui combattent sans cesse en vous ? Vous convoitez beaucoup de choses, mais vos désirs restent insatisfaits. Vous êtes meurtriers, vous vous consumez en jalousie, et vous ne pouvez rien obtenir. Vous bataillez et vous vous disputez. Vous n'avez pas ce que vous désirez parce que vous ne demandez pas à Dieu. Ou bien, quand vous demandez, vous ne recevez pas, car vous demandez avec de mauvais motifs : vous voulez que l'objet de vos demandes serve à votre propre plaisir.

Nous refusons les désirs égoïstes qui combattent sans cesse (en nous). Nous refusons la convoitise, et nos désirs sont satisfaits. Nous ne sommes pas meurtriers, nous refusons de nous consumer par la jalousie. Nous ne bataillons pas et nous ne nous disputons pas. Nous apprenons à demander avec de bons motifs : nous ne demandons pas pour notre propre plaisir.

SUR TA PAROLE ! **Philippiens 2 : 13** Car c'est Dieu lui-même qui agit en vous, pour produire à la fois le vouloir et le faire conformément à son projet plein d'amour.

Et c'est toi notre Dieu qui agit en nous, pour produire à la fois le vouloir et le faire conformément à ton projet plein d'amour.

SUR TA PAROLE ! **Jacques 1 : 4** Mais il faut que votre endurance aille jusqu'au bout de ce qu'elle peut faire pour que vous parveniez à l'état d'adultes et soyez pleins de force, des hommes auxquels il ne manque rien.

Mais il faut que notre endurance aille jusqu'au bout de ce qu'elle peut faire pour que nous parvenions à l'état d'adultes et que nous soyons pleins de force, des hommes auxquels il ne manque rien.

Qu'il nous soit fait selon Ta Parole

Je te fais confiance

Donne-nous aujourd'hui notre pain quotidien

Identité en Christ

Identité en Christ

SUR TA PAROLE ! **Ezéchiel 36 : 26** Je vous donnerai un cœur nouveau, et je mettrai en vous un esprit nouveau ; j'ôterai de votre corps le cœur de pierre, et je vous donnerai un cœur de chair.

Tu nous as donné par Jésus un cœur nouveau, et tu as mis en nous un esprit nouveau ; tu ôtes de notre corps le cœur de pierre, et tu nous donnes un cœur de chair.

SUR TA PAROLE ! **2 Corinthiens 5 : 17** Si quelqu'un est en Christ, il est une nouvelle créature. Les choses anciennes sont passées ; voici, toutes choses sont devenues nouvelles.

Puisque nous sommes en Christ, nous sommes une nouvelle créature. Les choses anciennes sont passées ; voici, toutes choses sont devenues nouvelles.

SUR TA PAROLE ! **Ésaïe 43 : 18-19** Ne vous rappelez plus les événements du passé, ne considérez plus les choses d'autrefois ; je vais réaliser une chose nouvelle qui est prête à éclore, ne la reconnaîtrez-vous pas ? J'ouvrirai un chemin à travers le désert et je ferai jaillir des fleuves dans les endroits arides.

Nous ne voulons plus nous rappeler les événements du passé, ni considérer les choses d'autrefois ; Seigneur tu réalises une chose nouvelle qui est prête à éclore… Tu nous ouvres un chemin à travers le désert et tu fais jaillir des fleuves dans les endroits arides.

SUR TA PAROLE ! **Jean 6 : 56** Celui qui mange mon corps et qui boit mon sang demeure en moi, et moi je demeure en lui.

Nous mangeons ton corps et nous buvons ton sang nous demeurons en toi, et tu demeures en nous.

SUR TA PAROLE ! **Éphésiens 2 : 10** Ce que nous sommes, nous le devons à Dieu ; car par notre union avec le Christ Jésus, Dieu nous a créés pour une vie riche d'œuvres bonnes qu'il a préparées à l'avance afin que nous les accomplissions.

Ce que nous sommes, nous te le devons notre Dieu ; car par notre union avec le Christ Jésus, tu nous as créés pour une vie riche d'œuvres bonnes que tu as préparées à l'avance afin que nous les accomplissions.

SUR TA PAROLE ! **Romains 6 : 4** Nous avons donc été ensevelis avec lui par le baptême en sa mort, afin que, comme Christ est ressuscité des morts par la gloire du Père, de même nous aussi nous marchions en nouveauté de vie.

Nous avons été ensevelis avec toi Jésus par le baptême en ta mort, afin que, comme tu es ressuscité des morts par la gloire du Père, de même nous aussi, nous marchions en nouveauté de vie.

SUR TA PAROLE ! **Colossiens 3 : 12** Ainsi, puisque Dieu vous a choisis pour lui appartenir et qu'il vous aime, revêtez-vous d'ardente bonté, de bienveillance, d'humilité, de douceur, de patience.

Tu nous as choisis pour t'appartenir, tu nous aimes, nous nous revêtons d'ardente bonté, de bienveillance, d'humilité, de douceur, de patience.

SUR TA PAROLE ! **Colossiens 3 : 10** …et vous vous êtes revêtus de l'homme nouveau. Celui-ci se renouvelle pour être l'image de son Créateur afin de parvenir à la pleine connaissance.

Nous nous sommes revêtus de l'homme nouveau. Celui-ci se renouvelle pour être l'image de notre Créateur afin de parvenir à la pleine connaissance.

SUR TA PAROLE ! **Actes 10 : 38** …vous savez comment Dieu a oint du Saint Esprit et de force Jésus de Nazareth, qui allait de lieu en lieu faisant du bien et guérissant tous ceux qui étaient sous l'empire du diable, car Dieu était avec lui.

Nous savons notre Dieu comment tu as oint du Saint Esprit et de force Jésus de Nazareth, qui allait de lieu en lieu faisant du bien et guérissant tous ceux qui étaient sous l'empire du diable, car Dieu était avec lui comme tu es avec nous.

Qu'il nous soit fait selon Ta Parole

Je te fais confiance

Donne-nous aujourd'hui notre pain quotidien

Comportement
Caractère

Comportement
Caractère

SUR TA PAROLE ! **Amos 5 : 14** Recherchez le bien et non le mal, afin que vous viviez, et ainsi l'Eternel, le Dieu de l'univers, sera avec vous, comme vous le dites.

Nous recherchons le bien et non le mal, afin que nous vivions, et ainsi Eternel, toi le Dieu de l'univers, tu es avec nous, nous le déclarons !

SUR TA PAROLE ! **1 Corinthiens 13 : 6** il ne se réjouit pas de l'injustice, mais il se réjouit de la vérité ;
Nous ne nous réjouissons pas de l'injustice, mais nous nous réjouissons de la vérité ;

SUR TA PAROLE ! **Philippiens 2 : 3** Ne faites donc rien par esprit de rivalité, ou par un vain désir de vous mettre en avant ; au contraire, par humilité, considérez les autres comme plus importants que vous-mêmes.

Nous ne faisons rien par esprit de rivalité, ni par un vain désir de nous mettre en avant ; au contraire, par humilité, nous considérons les autres comme plus importants que nous-mêmes.

SUR TA PAROLE ! **Jérémie 7 : 5-7** Si vraiment vous corrigez votre conduite et votre manière d'agir, si vraiment vous faites justice aux uns et aux autres, si vous n'exploitez pas l'étranger, l'orphelin et la veuve, si vous ne versez pas le sang innocent dans cet endroit et si vous ne vous tournez pas vers d'autres dieux pour votre malheur,

Nous corrigeons notre conduite et notre manière d'agir, nous faisons justice aux uns et aux autres, nous n'exploitons pas l'étranger, l'orphelin et la veuve, nous ne versons pas le sang innocent dans cet endroit et nous ne nous tournons pas vers d'autres dieux pour notre malheur,

SUR TA PAROLE ! **Proverbes 13 : 5** Le juste déteste les mensonges,

Nous détestons les mensonges,

SUR TA PAROLE ! **Galates 6 : 10** Ainsi donc, tant que nous en avons l'occasion, faisons du bien à tout le monde, et en premier lieu à ceux qui appartiennent à la famille des croyants.

Tant que nous en avons l'occasion, nous faisons du bien à tout le monde, et en premier lieu à ceux qui appartiennent à la famille des croyants.

SUR TA PAROLE ! **Ézéchiel 18 : 21** Si le méchant se détourne de toutes les fautes qu'il a commises, s'il obéit à tous mes commandements et agit avec droiture et selon la justice, il ne mourra pas, il vivra.

Nous nous détournons de toutes les fautes que nous avons commises, nous voulons obéir à tous tes commandements et agir avec droiture et selon la justice, ainsi nous ne mourrons pas, nous vivrons.

SUR TA PAROLE ! **Psaume 18 : 33** C'est Dieu qui me donne de la force et qui me trace une voie droite.

C'est toi notre Dieu qui nous donne de la force et qui nous conduit dans une voie droite.

SUR TA PAROLE ! **Hébreux 13 : 5** Que votre conduite ne soit pas guidée par l'amour de l'argent. Contentez-vous de ce que vous avez présentement. Car Dieu lui-même a dit : Je ne te laisserai pas : non, je ne t'abandonnerai jamais.

Notre conduite n'est pas guidée par l'amour de l'argent. Nous nous contentons de ce que nous avons présentement. Car Seigneur tu as dit toi-même que tu ne nous laisseras pas : non, tu ne nous abandonneras jamais.

SUR TA PAROLE ! **Proverbes 21 : 23** Celui qui surveille sa bouche et sa langue s'épargne bien des tourments.

Nous surveillons notre bouche et notre langue ainsi nous nous épargnons bien des tourments.

SUR TA PAROLE ! **1 Timothée 6 : 17** Recommande à ceux qui possèdent des richesses en ce monde de se garder de toute arrogance et de ne pas fonder leur espoir sur la richesse, car elle est instable. Qu'ils placent leur espérance en Dieu, qui nous dispense généreusement toutes ses richesses pour que nous en jouissions.

Si nous possédons des richesses en ce monde, nous nous gardons de toute arrogance et nous ne fondons pas notre espoir sur la richesse, car elle est instable. Nous plaçons notre espérance en toi notre Dieu, toi qui nous dispense généreusement toutes tes richesses pour que nous en jouissions.

SUR TA PAROLE ! **Jacques 3 : 2** En effet, nous trébuchons tous de bien des manières. Si quelqu'un ne trébuche pas en paroles, c'est un homme mûr, capable de tenir, de maîtriser aussi son corps tout entier.

Nous trébuchons tous de bien des manières. Cependant, si nous ne trébuchons pas en paroles, nous sommes des hommes mûrs, capables de tenir, de maîtriser aussi notre corps tout entier.

SUR TA PAROLE ! **1 Timothée 6 : 18-19** Recommande-leur de faire le bien, d'être riches en œuvres bonnes, d'être généreux et de partager avec les autres. Ils s'assureront ainsi pour l'avenir un beau capital placé en lieu sûr afin d'obtenir la vraie vie.

Nous recommandons à chacun de faire le bien, d'être riches en œuvres bonnes, d'être généreux et de partager avec les autres. Ils assureront ainsi pour leur avenir un beau capital placé en lieu sûr afin d'obtenir la vraie vie.

SUR TA PAROLE ! **Jacques 5 : 9** Ne vous plaignez pas les uns des autres, frères, afin que vous ne soyez pas jugés ;

Nous ne nous plaignons pas les uns des autres, afin que nous ne soyons pas jugés ;

SUR TA PAROLE ! **Proverbes 15 : 1** Une réponse douce apaise la colère, mais une parole blessante excite l'irritation.

Nous donnons une réponse douce qui apaise la colère.

SUR TA PAROLE ! **Proverbes 16 : 24** Les paroles agréables sont un rayon de miel : elles sont douces pour l'âme et porteuses de guérison pour le corps.

Par ta grâce nous avons des paroles agréables qui sont un rayon de miel : douces pour l'âme et porteuses de guérison pour le corps.

SUR TA PAROLE ! **Éphésiens 4 : 29** Ne laissez aucune parole blessante franchir vos lèvres, mais seulement des paroles empreintes de bonté. Qu'elles répondent à un besoin et aident les autres à grandir dans la foi. Ainsi elles feront du bien à ceux qui vous entendent.

Nous ne laissons aucune parole blessante franchir nos lèvres, mais seulement des paroles empreintes de bonté. Nos paroles répondent à un besoin et aident les autres à grandir dans la foi. Ainsi nos paroles font du bien à ceux qui nous entendent.

SUR TA PAROLE ! **Psaume 37 : 27** Evite le mal, accomplis le bien : tu demeureras pour toujours.

Nous évitons le mal, nous accomplissons le bien : nous demeurerons pour toujours.

SUR TA PAROLE ! **Psaume 103 : 12** Autant l'Orient est loin de l'Occident, autant il éloigne de nous nos mauvaises actions.

Autant l'Orient est loin de l'Occident, autant tu éloignes de nous nos mauvaises actions.

SUR TA PAROLE ! **Romains 12 : 17** Ne répondez jamais au mal par le mal.
Cherchez au contraire à faire ce qui est bien devant tous les hommes.

Nous ne répondons jamais au mal par le mal. Nous cherchons au contraire à faire ce qui est bien devant tous les hommes.

Qu'il nous soit fait selon Ta Parole
Je te fais confiance

Donne-nous aujourd'hui notre pain quotidien

Fruit

Fruit

SUR TA PAROLE ! **Hébreux 1 : 9** Tu aimes la justice, tu détestes le mal.

Nous aimons la justice, nous détestons le mal.

SUR TA PAROLE ! **Galates 6 : 9** Faisons le bien sans nous laisser gagner par le découragement. Car si nous ne relâchons pas nos efforts, nous récolterons au bon moment.

Nous faisons le bien sans nous laisser gagner par le découragement. Car si nous ne relâchons pas nos efforts, nous récolterons au bon moment.

SUR TA PAROLE ! **Proverbes 13 : 6** La justice garde celui dont la voie est intègre, Mais la méchanceté cause la ruine du pécheur.

La justice nous garde alors que notre voie est intègre, mais la méchanceté cause la ruine du pécheur.

SUR TA PAROLE ! **Psaume 15 : 2-5** L'homme à la conduite intègre : il pratique la justice, et il dit la vérité qu'il pense au fond de son cœur, il n'insulte pas son frère, et il ne raconte rien qui déprécie son prochain ou lui cause un préjudice.

Nous avons une conduite intègre : nous pratiquons la justice, et nous disons la vérité que nous pensons au fond de notre cœur, nous n'insultons pas nos frères, et nous ne racontons rien qui déprécie notre prochain ou lui cause un préjudice.

SUR TA PAROLE ! **Ésaïe 32 : 17** Le fruit de la justice sera la paix. L'effet de la justice, ce sera la tranquillité et la sécurité à tout jamais.

Le fruit de notre justice est la paix. L'effet de cette justice, c'est la tranquillité et la sécurité à tout jamais.

SUR TA PAROLE ! **Proverbes 16 : 7** Quand l'Éternel approuve les voies d'un homme, Il dispose favorablement à son égard même ses ennemis.

Nous veillons sur nos voies Éternel afin que tu les approuves, et que tu disposes favorablement à notre égard même nos ennemis.

SUR TA PAROLE ! **Psaume 1 : 1-2** Heureux l'homme qui ne marche pas selon les conseils des méchants, qui ne va pas se tenir sur le chemin des pécheurs, qui ne s'assied pas en compagnie des moqueurs. Toute sa joie il la met dans la Loi de l'Eternel qu'il médite jour et nuit.

Nous sommes heureux de ne pas marcher selon les conseils des méchants, nous ne nous tenons pas sur le chemin des pécheurs, nous ne nous asseyons pas en compagnie des moqueurs. Toute notre joie nous la mettons dans Ta Loi Eternel et nous la méditons jour et nuit.

SUR TA PAROLE ! **1 Pierre 1 : 13** C'est pourquoi, tenez votre esprit en éveil et ne vous laissez pas distraire ; mettez toute votre espérance dans la grâce qui vous sera accordée le jour où Jésus-Christ apparaîtra.

C'est pourquoi nous tenons notre esprit en éveil et nous ne nous laissons pas distraire ; nous mettons toute notre espérance dans la grâce qui nous sera accordée le jour où Jésus-Christ apparaîtras.

SUR TA PAROLE ! **Romains 8 : 13** Car, si vous vivez à la manière de l'homme livré à lui-même, vous allez mourir, mais si, par l'Esprit, vous faites mourir les actes mauvais que vous accomplissez dans votre corps, vous vivrez.

Car si nous vivons à la manière de l'homme livré à lui-même, nous allons mourir, mais si par l'Esprit, nous faisons mourir les actes mauvais que nous accomplissons dans notre corps, nous vivrons.

SUR TA PAROLE ! **Hébreux 4 : 12** En effet, la parole de Dieu est vivante et efficace, plus tranchante que toute épée à deux tranchants, pénétrante jusqu'à séparer âme et esprit, jointures et moelles ; elle juge les sentiments et les pensées du cœur.

En effet, ta parole notre Dieu est vivante et efficace, plus tranchante que toute épée à deux tranchants, pénétrante jusqu'à séparer âme et esprit, jointures et moelles ; elle juge les sentiments et les pensées de notre cœur.

SUR TA PAROLE ! **Luc 11 : 13** Si donc, tout mauvais que vous êtes, vous savez donner de bonnes choses à vos enfants, à combien plus forte raison le Père céleste donnera-t-il l'Esprit Saint à ceux qui le lui demandent.

Tout mauvais que nous sommes, nous savons donner de bonnes choses à nos enfants, à combien plus forte raison notre Père céleste tu donnes l'Esprit-Saint à ceux qui te le demandent.

SUR TA PAROLE ! **Luc 10 : 20** Toutefois, ce qui doit vous réjouir, ce n'est pas de voir que les esprits mauvais vous sont soumis ; mais de savoir que vos noms sont inscrits dans le ciel.

Toutefois, ce qui doit nous réjouir, ce n'est pas de voir que les esprits mauvais nous sont soumis ; mais de savoir que nos noms sont inscrits dans le ciel.

SUR TA PAROLE ! **Proverbes 24 : 26** Celui qui répond franchement donne une preuve de son amitié.

Nous répondons franchement donnant ainsi une preuve de notre amitié.

SUR TA PAROLE ! **Proverbes 22 : 11** Celui qui a des intentions pures et dont les paroles sont aimables aura le roi pour ami.

Nous avons des intentions pures et nos paroles sont aimables : nous aurons le roi pour ami.

SUR TA PAROLE ! **Luc 16 : 10** Si quelqu'un est fidèle dans les petites choses, on peut aussi lui faire confiance pour ce qui est important. Mais celui qui n'est pas fidèle dans les petites choses ne l'est pas non plus pour ce qui est important.

Nous nous efforçons d'être fidèles dans les petites choses, on peut nous faire confiance pour ce qui est important.

SUR TA PAROLE ! **Tite 3 : 1** Rappelle à tous qu'ils ont à se soumettre aux gouvernants et aux autorités, qu'ils doivent leur obéir et être prêts à accomplir toute œuvre bonne.

Nous rappelons à tous de se soumettre aux gouvernants et aux autorités, nous devons leur obéir et être prêts à accomplir toute œuvre bonne.

SUR TA PAROLE ! **3 Jean 11** Bien-aimé, n'imite pas le mal, mais le bien. Celui qui fait le bien est de Dieu ; celui qui fait le mal n'a pas vu Dieu.

Nous n'imitons pas le mal, mais le bien. Nous faisons le bien et nous sommes de Dieu,

SUR TA PAROLE ! **Romains 7 : 4** Il en est de même pour vous, mes frères : par la mort du Christ, vous êtes, vous aussi, morts par rapport à la Loi, pour appartenir à un autre, à celui qui est ressuscité des morts, pour que nous portions des fruits pour Dieu.

Par la mort du Christ, nous sommes morts par rapport à la Loi, pour appartenir à un autre, à celui qui est ressuscité des morts, pour que nous portions des fruits pour Dieu.

SUR TA PAROLE ! **Éphésiens 5 : 9** …car le fruit de l'Esprit c'est tout ce qui est bon, juste et vrai.

…car, ce que l'Esprit produit en nous c'est tout ce qui est bon, juste et vrai.

SUR TA PAROLE ! **Galates 5 : 22-23** Mais le fruit de l'Esprit c'est l'amour, la joie, la paix, la patience, l'amabilité, la bonté, la fidélité, la douceur, la maîtrise de soi.

Le fruit de l'Esprit c'est l'amour, la joie, la paix, la patience, l'amabilité, la bonté, la fidélité, la douceur, la maîtrise de soi.

SUR TA PAROLE ! **Psaume 112 : 5** Il est bon que l'homme prête généreusement et Qu'il gère ses affaires avec équité,

Nous prêtons généreusement et nous gérons nos affaires avec équité,

SUR TA PAROLE ! **Proverbes 11 : 25** Celui qui est généreux connaîtra l'abondance ; qui donne à boire aux autres sera lui-même désaltéré.

Nous sommes généreux, nous connaitrons l'abondance ; nous donnons à boire aux autres, nous serons nous-mêmes désaltérés.

SUR TA PAROLE ! **2 Corinthiens 9 : 6** Sachez-le, celui qui sème peu moissonnera peu et celui qui sème abondamment moissonnera abondamment.

Nous semons abondamment, nous moissonnerons abondamment.

SUR TA PAROLE ! **Proverbes 22 : 9** L'homme qui regarde autrui avec bonté sera béni parce qu'il a partagé son pain avec le pauvre.

Nous regardons autrui avec bonté, nous serons bénis parce que nous partageons notre pain avec le pauvre.

SUR TA PAROLE ! **2 Samuel 22 : 31** Parfaites sont les voies que prescrit l'Eternel, et sa parole est éprouvée. Ceux qui le prennent pour refuge trouvent en lui un bouclier.

Parfaites sont les voies que tu nous prescris Eternel, et ta parole est éprouvée. Nous te prenons pour refuge et trouvons en toi un bouclier.

SUR TA PAROLE ! **Psaume 37 :25-26** J'ai été jeune, j'ai vieilli, et je n'ai pas vu le juste être abandonné ni ses descendants mendier leur pain. Il est toujours compatissant, il prête, et sa descendance est bénie.

Nous étions des enfants et nous voilà vieux, jamais nous n'avons vu celui qui est juste être abandonné, ni ses descendants mendier leur pain. Nous sommes toujours compatissants, nous prêtons, et notre descendance est bénie.

SUR TA PAROLE ! **Psaume 84 : 12** Car l'Eternel Dieu est pour nous comme un soleil, il est comme un bouclier. L'Eternel accorde bienveillance et gloire, il ne refuse aucun bien à ceux qui cheminent dans l'intégrité.

Eternel notre Dieu tu es pour nous comme un soleil, tu es comme un bouclier. Eternel tu nous accordes bienveillance et gloire, tu ne nous refuses aucun bien alors que nous cheminons dans l'intégrité.

SUR TA PAROLE ! **Proverbes 2 : 7-8** Il réserve le salut aux hommes droits. Comme un bouclier, il protège ceux qui mènent une vie irréprochable. Il préserve ceux qui vivent selon la droiture et font ce qui est juste. Il veille sur le cheminement de ceux qui lui sont fidèles.

Le salut nous est réservé alors que nous sommes droits. Comme un bouclier, tu nous protèges nous qui menons une vie irréprochable. Tu nous préserves nous qui vivons selon la droiture et faisons ce qui est juste. Tu veilles sur notre cheminement, nous qui te sommes fidèles.

SUR TA PAROLE ! **Proverbes 10 : 9** Celui qui vit dans l'intégrité marche en sécurité. Celui qui suit des voies tortueuses sera vite démasqué.

Nous marchons en sécurité puisque nous vivons dans l'intégrité. Nous ne suivons pas des voies tortueuses, nous serions vite démasqués.

Qu'il nous soit fait selon Ta Parole. **Je te fais confiance**

Donne-nous aujourd'hui notre pain quotidien

Travail

Travail

SUR TA PAROLE ! **Proverbes 14 : 23** Tout travail procure un profit, mais les paroles en l'air ne mènent qu'à la misère.

Tout travail procure un profit, mais les paroles en l'air ne mènent qu'à la misère.

SUR TA PAROLE ! **Ecclésiaste 5 : 17** il est bon et beau pour l'homme de manger et de boire et de prendre du plaisir dans le travail qu'il accomplit sous le soleil, pendant la durée de vie que Dieu lui accorde, car c'est sa part.

Il est bon et beau pour nous de manger et de boire et de prendre du plaisir dans le travail que nous accomplissons sous le soleil, pendant la durée de vie que Seigneur notre Dieu tu nous accordes, car c'est notre part.

SUR TA PAROLE ! **Éphésiens 6 : 6** N'accomplissez pas votre tâche seulement quand on vous surveille, comme s'il s'agissait de plaire à des hommes, mais agissez comme des esclaves du Christ, qui accomplissent la volonté de Dieu de tout leur cœur.

Nous n'accomplissons pas nos tâches seulement quand on nous surveille, il ne s'agit pas de plaire à des hommes, mais nous agissons comme des esclaves du Christ, nous accomplissons la volonté de notre Dieu de tout notre Cœur.

SUR TA PAROLE ! **Proverbes 12 : 5** Les projets des justes sont orientés vers ce qui est droit, alors que les méchants ne songent qu'à tromper.

Nos projets sont orientés vers ce qui est droit,

SUR TA PAROLE ! **Proverbes 11 : 3** L'honnêteté guide les hommes droits, mais les tricheries des gens infidèles les mènent à la ruine.

Nous sommes droits et l'honnêteté nous guide, nous ne sommes pas dans la tricherie des gens infidèles qui les mènent à la ruine.

Qu'il nous soit fait selon Ta Parole

Je te fais confiance

Donne-nous aujourd'hui notre pain quotidien

L'Eglise

L'Eglise

SUR TA PAROLE ! **Ésaïe 30 :18** Cependant l'Éternel désire vous faire grâce, Et il se lèvera pour vous faire miséricorde ; Car l'Éternel est un Dieu juste : Heureux tous ceux qui espèrent en lui !

Éternel tu nous as fait grâce par Jésus le Christ, Et tu t'es levé pour nous faire miséricorde ; Car Éternel tu es un Dieu juste : nous sommes Heureux parce que nous espérons en toi !

SUR TA PAROLE ! **1 Corinthiens 14 : 12** Vous donc, puisque vous aspirez si ardemment aux manifestations de l'Esprit, recherchez avant tout à posséder en abondance celles qui contribuent à faire grandir l'Eglise dans la foi.

Nous aspirons ardemment aux manifestations de l'Esprit, nous recherchons avant tout à posséder en abondance celles qui contribuent à faire grandir l'Eglise dans la foi.

SUR TA PAROLE ! **2 Corinthiens 1 : 3 - 4** Béni soit Dieu, le Père de notre Seigneur Jésus-Christ, le Père qui est plein de bonté, le Dieu qui réconforte dans toutes les situations. Il nous réconforte dans toutes nos détresses, afin qu'à notre tour nous soyons capables de réconforter ceux qui passent par toutes sortes de détresses, en leur apportant le réconfort que Dieu nous a apporté.

Nous te bénissons notre Dieu, Père de notre Seigneur Jésus-Christ, le Père qui est plein de bonté, le Dieu qui nous réconforte dans toutes les situations. Tu nous réconfortes dans toutes nos détresses, afin qu'à notre tour nous soyons capables de réconforter ceux qui passent par toutes sortes de détresses, en leur apportant le réconfort que tu nous as apporté.

SUR TA PAROLE ! **Colossiens 3 : 16** Que la Parole du Christ réside au milieu de vous dans toute sa richesse : qu'elle vous inspire une pleine sagesse, pour vous instruire et vous avertir les uns les autres ou pour chanter à Dieu de tout votre cœur des psaumes, des hymnes et des cantiques inspirés par l'Esprit afin d'exprimer votre reconnaissance à Dieu.

Nous déclarons que la parole du Christ réside au milieu de nous dans toute sa richesse : elle nous inspire une pleine sagesse, pour nous instruire et nous avertir les uns les autres ou pour chanter à Dieu de tout notre cœur des psaumes, des hymnes et des cantiques inspirés par l'Esprit afin d'exprimer notre reconnaissance à Dieu.

SUR TA PAROLE ! **2 Corinthiens 13 : 11** ...Soyez dans la joie. Travaillez à votre perfectionnement. Encouragez-vous mutuellement. Soyez d'accord entre vous. Vivez dans la paix. Alors le Dieu d'amour et de paix sera avec vous.

Nous sommes dans la joie. Nous travaillons à notre perfectionnement. Nous nous encourageons mutuellement. Nous nous accordons entre nous. Nous vivons dans la paix. Alors le Dieu d'amour et de paix est avec nous.

SUR TA PAROLE ! **Proverbes 24 : 19** Ne t´irrite pas à cause de ceux qui font le mal, Ne porte pas envie aux méchants ;

Nous ne nous irritons pas à cause de ceux qui font le mal, Nous ne portons pas envie aux méchants ;

SUR TA PAROLE ! **Proverbes 20 : 22** Ne dis pas : Je rendrai le mal. Espère en l'Éternel, et il te délivrera.

Nous refusons de rendre le mal. Nous espérons en toi Éternel, et tu nous délivreras.

SUR TA PAROLE ! **1 Pierre 5 : 5** Vous de même, jeunes gens, soumettez-vous aux responsables de l'Eglise. Et vous tous, dans vos relations mutuelles, revêtez-vous d'humilité, car l'Écriture déclare : Dieu s'oppose aux orgueilleux, mais il accorde sa grâce aux humbles.

Nous nous soumettons aux responsables de l'Eglise. Et nous tous, dans nos relations mutuelles, nous nous revêtons d'humilité afin que Dieu nous accorde sa grâce.

SUR TA PAROLE ! **Lévitique 19 : 32** Tu te lèveras devant la personne aux cheveux blancs et tu traiteras le vieillard avec honneur. Tu craindras ton Dieu. Je suis L'Eternel.

Nous nous levons devant la personne aux cheveux blancs et nous traitons le vieillard avec honneur. Nous te craignons notre Dieu. Tu es l'Eternel.

SUR TA PAROLE ! **1 Pierre 4 : 7** La fin de toutes choses est proche. Menez donc une vie équilibrée et ne vous laissez pas distraire, afin d'être disponibles pour prier.

La fin de toutes choses est proche. Nous menons donc une vie équilibrée et nous ne nous laissons pas distraire, afin d'être disponibles pour prier.

SUR TA PAROLE ! **Apocalypse 22 : 14** Heureux ceux qui lavent leurs vêtements. Ils auront le droit de manger du fruit de l'arbre de vie et de franchir les portes de la ville.

Nous sommes heureux, nous qui lavons nos vêtements. Nous aurons le droit de manger du fruit de l'arbre de vie et de franchir les portes de la ville.

SUR TA PAROLE ! **Osée 2 : 22** Je serai ton fiancé pour toujours ; je serai ton fiancé par la justice, la droiture, la grâce et la miséricorde ;

Tu es notre fiancé pour toujours ; tu es notre fiancé par la justice, la droiture, la grâce et la miséricorde ;

SUR TA PAROLE ! **Apocalypse 19 : 7** Réjouissons-nous, soyons dans la joie et rendons-lui gloire, car voici venu le moment des noces de l'Agneau, et son épouse s'est préparée.

Nous nous réjouissons, nous sommes dans la joie et te rendons gloire, car voici le moment des noces de l'Agneau vient, et nous l'épouse, nous nous préparons.

SUR TA PAROLE ! **Apocalypse 3 : 11** Je viens bientôt. Tiens ferme ce que tu as, afin que personne ne prenne ta couronne.

Tu viens bientôt. Tenons ferme ce que nous avons, afin que personne ne prenne notre couronne.

Qu'il nous soit fait selon Ta Parole
Je te fais confiance

Le Couple

Le Couple

SUR TA PAROLE ! **Lévitique 26 : 9** Je me tournerai vers vous, je vous rendrai féconds et je vous multiplierai, et je maintiendrai mon alliance avec vous.

Tu t'es tourné vers nous, tu nous as rendus féconds et tu nous multiplies, et tu maintiens ton alliance avec nous.

SUR TA PAROLE ! **1 Corinthiens 7 : 4** La femme n'a pas autorité sur son propre corps, mais c'est le mari ; et pareillement, le mari n'a pas autorité sur son propre corps, mais c'est la femme.

En tant que femme je n'ai pas autorité sur mon propre corps mais c'est mon mari. En tant que mari je n'ai pas autorité sur mon propre corps mais c'est ma femme.

SUR TA PAROLE ! **Colossiens 3 : 18 - 19** Femmes, soyez soumises chacune à son mari, comme il convient à des femmes qui appartiennent au Seigneur. Maris, aimez chacun votre femme et ne nourrissez pas d'aigreur contre elle.

En tant que femmes nous nous soumettons chacune à notre mari, nous t'appartenons Seigneur.

En tant que maris nous aimons chacun notre femme et nous ne nourrissons pas d'aigreur contre elle.

SUR TA PAROLE ! **Proverbes 17 : 14** Commencer une querelle, c'est ouvrir une digue ; Avant que la dispute s'anime, retire-toi.

Nous ne commençons pas une querelle, nous évitons d'ouvrir une digue ; Nous décidons de nous retirer avant que toute dispute s'anime.

SUR TA PAROLE ! **Proverbes 17 : 1** Mieux vaut un morceau de pain sec, avec la paix, Qu´une maison pleine de viandes, avec des querelles.

Nous déclarons que nous voulons la paix dans nos maisons, nous refusons les querelles.

Qu'il nous soit fait selon Ta Parole

Je te fais confiance

Donne-nous aujourd'hui notre pain quotidien

Prière pour l'homme

Prière pour l'homme

SUR TA PAROLE ! **Éphésiens 5 : 25-28** Quant à vous, maris, que chacun de vous aime sa femme comme le Christ a aimé l'Eglise : il a donné sa vie pour elle afin de la rendre digne de Dieu après l'avoir purifiée par sa Parole, comme par le bain nuptial.

En tant que mari, je veux aimer ma femme comme Christ a aimé l'Eglise : il a donné sa vie pour elle afin de la rendre digne de Dieu après l'avoir purifiée par sa Parole, comme par le bain nuptial.

SUR TA PAROLE ! **1 Corinthiens 7 : 32-33** Or, je voudrais que vous soyez sans inquiétude. Celui qui n'est pas marié se préoccupe des affaires du Seigneur, des moyens de plaire au Seigneur,

Nous sommes sans inquiétude. Nous qui ne sommes pas mariés nous nous préoccupons de tes affaires Seigneur, des moyens de te plaire,

SUR TA PAROLE ! **1 Corinthiens 7 : 33…35** …alors que celui qui est marié se préoccupe des affaires de ce monde, des moyens de plaire à sa femme…. C'est pour vous porter à ce qui est bienséant et propre à vous attacher au Seigneur, sans distraction.

Nous qui sommes mariés nous ne nous préoccupons pas uniquement des affaires de ce monde ou des moyens de plaire à notre femme mais voulons nous porter à ce qui est bienséant et nous attacher à toi Seigneur sans distraction.

SUR TA PAROLE ! **Tite 2 : 2** Dis aux hommes âgés d'être maîtres d'eux-mêmes, respectables, réfléchis, pleins de force dans la foi, l'amour et la persévérance.

En tant qu'hommes âgés nous sommes maîtres de nous-mêmes, respectables, réfléchis, pleins de force dans la foi, l'amour et la persévérance.

SUR TA PAROLE ! **Proverbes 5 : 18-19** Que ta source soit bénie ! Fais ta joie de la femme que tu as aimée dans ta jeunesse, biche charmante, gracieuse gazelle, que ses charmes t'enivrent toujours et que tu sois sans cesse épris de son amour !

Ma source est bénie ! Je fais ma joie de la femme que j'ai aimée dans ma jeunesse, biche charmante, gracieuse gazelle, ses charmes m'enivrent toujours et je suis sans cesse épris de son amour !

SUR TA PAROLE ! **1 Pierre 3 : 7** Vous de même, maris, vivez chacun avec votre femme en faisant preuve de discernement : elles ont une nature plus délicate. Traitez-les avec respect : elles doivent recevoir avec vous la vie que Dieu accorde dans sa grâce. Agissez ainsi afin que rien ne vienne faire obstacle à vos prières.

Nous vivons avec nos femmes en faisant preuve de discernement : elles ont une nature plus délicate. Nous la traitons avec respect : elle doit recevoir avec nous la vie que Dieu nous accorde dans sa grâce. Nous agissons ainsi afin que rien ne vienne faire obstacle à nos prières.

SUR TA PAROLE ! **1 Timothée 3 : 2** Il faut toutefois que le dirigeant soit un homme irréprochable : mari fidèle à sa femme, maître de lui-même, réfléchi et vivant de façon convenable. Qu'il soit hospitalier et capable d'enseigner.

Il faut que nous soyons des hommes irréprochables : maris fidèles à nos femmes, maîtres de nous-mêmes, réfléchis et vivant de façon convenable. Que nous soyons hospitaliers et capables d'enseigner.

SUR TA PAROLE ! **Tite 2 : 6 - 8** Exhorte de même les jeunes gens à être modérés, te montrant toi-même à tous égards un modèle de bonnes œuvres, et donnant un enseignement pur, digne, une parole saine, irréprochable, afin que l'adversaire soit confus, n'ayant aucun mal à dire de nous.

Nous, jeunes gens, nous désirons être modérés, nous montrant nous-mêmes à tous égards un modèle de bonnes œuvres, et donnant un enseignement pur, digne, une parole saine, irréprochable, afin que l'adversaire soit confus, n'ayant aucun mal à dire de nous.

SUR TA PAROLE ! **Ecclésiaste 11 : 9** Jeune homme, réjouis-toi dans ton adolescence ! Que ton cœur soit en fête aux jours de ta jeunesse ! Suis donc les élans de ton cœur et tout ce qui te fait plaisir, mais n'oublie pas que Dieu te demandera compte de tout ce que tu fais.

En tant que jeune homme nous nous réjouissons dans notre adolescence ! Notre cœur est en fête aux jours de notre jeunesse ! Nous suivons les élans de notre cœur et tout ce qui nous fait plaisir, mais nous n'oublions pas notre Dieu que tu nous demanderas compte de tout ce que nous faisons.

Qu'il nous soit fait selon Ta Parole

Je te fais confiance

Donne-nous aujourd'hui notre pain quotidien

Prière pour la femme

Prière pour la femme

SUR TA PAROLE ! **1 Timothée 2 : 9-10** Je veux aussi que les femmes, vêtues d'une manière décente, avec pudeur et modestie, ne se parent ni de tresses, ni d'or, ni de perles, ni d'habits somptueux,

Nous sommes des femmes qui aimons-nous vêtir d'une manière décente, avec pudeur et modestie, nous ne nous parons ni de tresses, ni d'or, ni de perles, ni d'habits somptueux,

SUR TA PAROLE ! **Tite 2 : 3** Qu'il en soit de même des femmes âgées : qu'elles aient un comportement digne de Dieu ; qu'elles ne soient pas médisantes ni adonnées à la boisson.

En tant que femmes âgées nous avons un comportement digne de toi notre Dieu ; nous ne sommes ni médisantes ni adonnées à la boisson.

SUR TA PAROLE ! **1 Pierre 3 : 3 - 4** Recherchez non pas la beauté que donne une parure extérieure : cheveux habilement tressés, bijoux en or, toilettes élégantes, mais celle qui émane de l'être intérieur : la beauté impérissable d'un esprit doux et paisible, à laquelle Dieu attache un grand prix.

Nous ne recherchons pas la beauté que donne une parure extérieure : cheveux habilement tressés, bijoux en or, toilettes élégantes, mais celle qui émane de l'être intérieur : la beauté impérissable d'un esprit doux et paisible, à laquelle notre Dieu tu attaches un grand prix.

SUR TA PAROLE ! **Proverbes 11 : 16** Une femme qui a de la grâce obtient la gloire,

Nous avons de la grâce et nous obtenons la gloire.

SUR TA PAROLE ! **Tite 2 : 4 - 5** Qu'elles s'attachent plutôt à enseigner le bien : qu'elles conduisent ainsi les jeunes femmes à la sagesse en leur apprenant à aimer leur mari et leurs enfants, à mener une vie équilibrée et pure, à être des maîtresses de maison bonnes et actives, à être soumises à leur mari. Ainsi la Parole de Dieu ne sera pas discréditée.

Femmes plus âgées, nous nous attachons à enseigner le bien : nous conduisons ainsi les jeunes femmes à la sagesse en leur apprenant à aimer leur mari et leurs enfants, à mener une vie équilibrée et pure, à être des maîtresses de maison bonnes et actives, à être soumises à leur mari. Ainsi ta Parole notre Dieu ne sera pas discréditée.

SUR TA PAROLE ! **1 Corinthiens 7 : 34** Il y a aussi une différence entre la femme non mariée et la jeune fille : celle qui n'est pas mariée se préoccupe des affaires du Seigneur, afin d'être sainte de corps et d'esprit,

En tant que jeunes filles ou femmes non mariées nous nous préoccupons de tes affaires Seigneur, afin d'être saintes de corps et d'esprit,

SUR TA PAROLE ! **1 Corinthiens 7 : … 34** alors que celle qui est mariée se préoccupe des affaires de ce monde, des moyens de plaire à son mari. Je dis cela dans votre intérêt ; ce n'est pas pour vous imposer des contraintes, mais pour vous montrer ce qui est convenable et à même de vous attacher au Seigneur sans tiraillements.

En tant que femmes mariées nous ne nous préoccupons pas des affaires de ce monde et pas seulement des moyens de plaire à notre mari. Il est de notre intérêt de nous attacher à toi Seigneur sans tiraillements.

SUR TA PAROLE ! **Proverbes 31 : 10-31** Qui peut trouver une femme vertueuse ? Elle a bien plus de valeur que les perles. Le cœur de son mari a confiance en elle, Et les produits ne lui feront pas défaut. Elle lui fait du bien, et non du mal, Tous les jours de sa vie.

Je veux être une femme vertueuse. J'ai plus de valeur que les perles. Le cœur de mon mari a confiance en moi, Et les produits ne me feront pas défaut. Je lui fais du bien, et non du mal, Tous les jours de ma vie.

SUR TA PAROLE ! **Proverbes 21 : 9** Mieux vaut habiter à l'angle d'un toit, Que de partager la demeure d'une femme querelleuse.

Je déclare que ma maison ne sera pas une maison avec des querelles.

SUR TA PAROLE ! **Tite 2 : 4 - 5** ...dans le but d'apprendre aux jeunes femmes à aimer leurs maris et leurs enfants, à être retenues, chastes, occupées aux soins domestiques, bonnes, soumises à leurs maris, afin que la parole de Dieu ne soit pas blasphémée.

Nous, jeunes femmes désirons apprendre à aimer nos maris et nos enfants, nous voulons être retenues, chastes, occupées aux soins domestiques, bonnes, soumises à nos maris, afin que ta parole notre Dieu ne soit pas blasphémée.

SUR TA PAROLE ! **Proverbes 14 : 1** Une femme pleine de sagesse construit sa maison, mais celle qui est insensée la renverse de ses propres mains

Je suis une femme pleine de sagesse, je construis ma maison, je ne la renverse pas de mes propres mains comme une insensée.

Qu'il nous soit fait selon Ta Parole
Je te fais confiance

Prière pour les enfants

Relation Parents

Prière pour les enfants

Relation Parents

SUR TA PAROLE ! **Proverbes 6 : 20-23** Mon fils, garde le commandement de ton père et ne rejette pas l'enseignement de ta mère ! Lie-les constamment sur ton cœur, attache-les à ton cou ! Ils te dirigeront dans ta marche, ils te garderont dans ton lit, ils te parleront à ton réveil. En effet, le commandement est une lampe et l'enseignement une lumière, et les avertissements de l'instruction sont le chemin de la vie.

Nous gardons le commandement de notre père et nous ne rejetons pas l'enseignement de notre mère ! Nous les lions constamment sur notre cœur, nous les attachons à notre cou ! Ils nous dirigent dans notre marche, ils nous gardent dans notre lit, ils nous parlent à notre réveil. En effet, le commandement est une lampe et l'enseignement une lumière, et les avertissements de l'instruction sont le chemin de la vie.

SUR TA PAROLE ! **Psaume 22 : 11** Dès mon jeune âge, j'ai été placé sous ta garde. Dès avant ma naissance, tu es mon Dieu.

Dès notre jeune âge, nous avons été placés sous ta garde. Dès avant notre naissance, tu es notre Dieu.

SUR TA PAROLE ! **Éphésiens 6 : 2** Honore ton père et ta mère : c'est le premier commandement auquel une promesse est rattachée,

Nous honorons notre père et notre mère : c'est le premier commandement auquel une promesse est rattachée,

SUR TA PAROLE ! **Proverbes 23 : 22** Ecoute ton père, qui t'a donné la vie, et ne méprise pas ta mère devenue âgée.

Nous écoutons notre père, qui nous a donné la vie, et nous ne méprisons pas notre mère devenue âgée.

SUR TA PAROLE ! **Deutéronome 5 : 16** Honore ton père et ta mère, comme l'Eternel ton Dieu te l'a ordonné, afin de jouir d'une longue vie et de vivre heureux dans le pays que l'Eternel ton Dieu te donne.

Nous honorons notre père et notre mère, comme tu nous l'as ordonné Eternel notre Dieu, nous jouirons d'une longue vie et nous vivrons heureux dans le pays que tu nous donnes.

SUR TA PAROLE ! **Psaume 132 : 12** Si tes fils respectent mon alliance et les instructions que je leur donne, leurs fils aussi seront assis pour toujours sur ton trône.

Nous veillons à ce que nos fils respectent ton alliance et les instructions que tu nous donnes, et ainsi leurs fils aussi ne dévieront pas.

SUR TA PAROLE ! **Deutéronome 6 : 6 - 7** Que ces commandements que je te donne aujourd'hui restent gravés dans ton cœur. Tu les inculqueras à tes enfants et tu en parleras chez toi dans ta maison, et quand tu marcheras sur la route, quand tu te coucheras et quand tu te lèveras.

Ces commandements que tu nous donnes aujourd'hui restent gravés dans notre cœur. Nous les inculquons à nos enfants et nous en parlons chez nous dans nos maisons, et quand nous marchons sur la route, quand nous nous couchons et quand nous nous levons.

SUR TA PAROLE ! **Proverbes 14 : 26** Celui qui craint l'Eternel possède un puissant appui, et ses enfants ont un refuge auprès de lui.

Nous te craignons Eternel, nous possédons un puissant appui, et nos enfants ont un refuge auprès de toi.

SUR TA PAROLE ! **Deutéronome 4 : 40** Obéis à ces lois et à ces commandements que je te transmets aujourd'hui, afin que tu sois heureux, toi et tes enfants après toi, et que tu vives de nombreux jours dans le pays que l'Eternel ton Dieu te donne pour toujours.

Eternel notre Dieu nous obéissons à ces lois et à ces commandements que tu nous as transmis, afin que nous soyons heureux, nous et nos enfants après nous, et que nous vivions de nombreux jours dans le pays que tu nous donnes pour toujours Eternel notre Dieu.

SUR TA PAROLE ! **Proverbes 22 : 6** Apprends à l'enfant le chemin qu'il doit suivre, même quand il sera vieux, il n'en déviera pas.

Nous apprenons à nos enfants le chemin qu'ils doivent suivre, même quand ils seront vieux, ils n'en dévieront pas.

SUR TA PAROLE ! **Psaume 78 : 6-7** ...que la génération suivante, celle des enfants qui viendront à naître, puisse l'apprendre et se lève à son tour pour l'enseigner à ses propres enfants, afin qu'ils placent leur confiance en Dieu, qu'ils n'oublient pas les hauts faits du Dieu fort et qu'ils observent ses commandements,

La génération suivante, celle des enfants qui viendront à naître, l'apprendront et se lèveront à leur tour pour l'enseigner à leurs propres enfants, afin qu'ils placent leur confiance en toi notre Dieu, qu'ils n'oublient pas les hauts faits du Dieu fort et qu'ils observent ses commandements,

SUR TA PAROLE ! **Proverbes 20 : 7** Le juste marche dans l'intégrité ; heureux ses enfants après lui !

Nous marchons dans l'intégrité ; heureux seront nos enfants après nous !

SUR TA PAROLE ! **Colossiens 3 : 20** Enfants, obéissez à vos parents en toutes choses, c'est ainsi que vous ferez plaisir au Seigneur.

Nous veillons à ce que nos enfants, nous obéissent en toutes choses, c'est ainsi qu'ils te feront plaisir Seigneur.

SUR TA PAROLE ! **Proverbes 29 : 17** Châtie ton fils, et il te donnera du repos, Et il procurera des délices à ton âme.

Nous châtions nos fils, et ils nous donnent du repos, Et ils procurent des délices à notre âme.

SUR TA PAROLE ! **Colossiens 3 : 21** Pères, n'irritez pas vos enfants de peur qu'ils ne se découragent.

Nous n'irritons pas nos enfants afin qu'ils ne se découragent pas.

SUR TA PAROLE ! **Luc 2 : 52** Jésus grandissait en sagesse, en taille et en grâce devant Dieu et devant les hommes.

Comme Jésus nos enfants grandissent en sagesse, en taille et en grâce devant Dieu et devant les hommes.

SUR TA PAROLE ! **3 Jean 4** Je n'ai pas de plus grande joie que d'apprendre que mes enfants vivent selon la vérité.

Nous n'avons pas de plus grande joie que d'apprendre que nos enfants vivent selon la vérité.

SUR TA PAROLE ! **Ésaïe 54 : 13** Tous tes fils seront disciples de l'Eternel, et grande sera la prospérité de tes fils.

Nos fils seront tes disciples et grande sera leur prospérité.

SUR TA PAROLE ! **Proverbes 13 : 22** L'homme de bien laisse un héritage aux enfants de ses enfants, tandis que les richesses du pécheur sont en réserve pour le juste.

Nous laissons un héritage aux enfants de nos enfants, tandis que les richesses du pécheur sont en réserve pour nous qui sommes justes.

SUR TA PAROLE ! **Psaume 103 : 17** Mais la bonté de l'Eternel dure d'éternité en éternité pour ceux qui le craignent, et sa justice demeure pour les enfants de leurs enfants,

Ta bonté Eternel dure d'éternité en éternité pour nous qui te craignons, et ta justice demeure pour les enfants de nos enfants,

Qu'il nous soit fait selon Ta Parole
Je te fais confiance

Donne-nous aujourd'hui notre pain quotidien

Activités professionnelles

Activités professionnelles

SUR TA PAROLE ! **Josué 1 : 8** Que ce livre de la loi ne s'éloigne pas de toi ! Médite-le jour et nuit pour agir avec fidélité conformément à tout ce qui y est écrit, car c'est alors que tu auras du succès dans tes entreprises, c'est alors que tu réussiras.

Le livre de la loi ne s'éloigne pas de nous. Nous le méditons jour et nuit pour agir avec fidélité conformément à tout ce qui y est écrit, car c'est alors que nous avons du succès dans nos entreprises, c'est alors que nous réussissons.

SUR TA PAROLE ! **Exode 6 : 7** Je vous prendrai pour mon peuple, je serai votre Dieu, et vous saurez que c'est moi, l'Éternel, votre Dieu, qui vous affranchis des travaux dont vous chargent les Égyptiens.

Tu nous as pris pour ton peuple, tu es notre Dieu, et nous savons que c'est toi, Éternel notre Dieu, qui nous affranchis des travaux dont on nous charge.

SUR TA PAROLE ! **Job 34 : 24** Il brise les grands sans information, Et il met d'autres à leur place ; car il connaît leurs œuvres. Il les renverse de nuit, et ils sont écrasés ;

Tu brises les grands sans information, tu en mets d'autres à leur place ; car tu connais leurs œuvres. Tu les renverse de nuit, et ils sont écrasés ;

SUR TA PAROLE ! **Genèse 39 : 3** Son maître vit que l'Éternel était avec lui, et que l'Éternel faisait prospérer entre ses mains tout ce qu'il entreprenait.

Éternel tu fais prospérer entre nos mains tout ce que nous entreprenons.

SUR TA PAROLE ! **Genèse 39 : 21** L'Éternel fut avec Joseph, et il étendit sur lui sa bonté. Il le mit en faveur aux yeux du chef de la prison.

Tu es avec nous comme avec Joseph, et tu étends sur nous ta bonté. Tu nous mets en faveur aux yeux de nos chefs.

SUR TA PAROLE ! **Genèse 39 : 23** Le chef de la prison ne prenait aucune connaissance de ce que Joseph avait en main, parce que l'Éternel était avec lui. Et l'Éternel donnait de la réussite à ce qu'il faisait.

Éternel tu es avec nous. Et tu donnes de la réussite à ce que nous faisons.

SUR TA PAROLE ! **Proverbes 15 : 22** Quand on ne consulte personne, les projets échouent, mais lorsqu'il y a beaucoup de conseillers, ils se réalisent.

Nous consultons et recevons beaucoup de conseillers, et nos projets se réalisent.

SUR TA PAROLE ! **Éphésiens 6 : 7** Faites votre travail de bon gré, et cela par égard pour le Seigneur, et non par égard pour les hommes.

Nous faisons notre travail de bon gré, par égard pour toi Seigneur, et non par égard pour les hommes.

SUR TA PAROLE ! **Exode 31 : 3-5** Je l'ai rempli de l'Esprit de Dieu, de sagesse, d'intelligence, et de savoir pour toutes sortes d'ouvrages, je l'ai rendu capable de faire des inventions, de travailler l'or, l'argent et l'airain, de graver les pierres à enchâsser, de travailler le Bois, et d'exécuter toutes sortes d'ouvrages.

Tu nous remplis de ton Esprit notre Dieu, de sagesse, d'intelligence, et de savoir pour toutes sortes d'ouvrages, tu nous rends capables de faire des inventions, … et d'exécuter toutes sortes d'ouvrages.

SUR TA PAROLE ! **Deutéronome 2 : 7** Car l'Éternel, ton Dieu, t'a béni dans tout le travail de tes mains, il a connu ta marche dans ce grand désert.

Éternel notre Dieu tu nous bénis dans tout le travail de nos mains, tu as connu notre marche dans ce grand désert.

Qu'il nous soit fait selon Ta Parole, **Je te fais confiance**

Relation avec les autres

Relation avec les autres

SUR TA PAROLE ! **1 Jean 4 : 7** aimons-nous les uns les autres, car l'amour vient de Dieu. Celui qui aime est né de Dieu et il connaît Dieu.

Aimons-nous les uns les autres, car l'amour vient de Dieu et nous sommes nés de Dieu et nous connaissons Dieu.

SUR TA PAROLE ! **Matthieu 7 : 12** Faites pour les autres tout ce que vous voudriez qu'ils fassent pour vous, car c'est là tout l'enseignement de la Loi et des prophètes.

Nous faisons pour les autres tout ce que nous voudrions qu'ils fassent pour nous, car c'est là tout l'enseignement de la Loi et des prophètes.

SUR TA PAROLE ! **1 Corinthiens 13 : 4** L'amour est patient, il est plein de bonté ; l'amour n'est pas envieux ; l'amour ne se vante pas, il ne s'enfle pas d'orgueil, il ne fait rien de malhonnête, il ne cherche pas son intérêt, il ne s'irrite pas, il ne soupçonne pas le mal, il ne se réjouit pas de l'injustice, mais il se réjouit de la vérité ; il pardonne tout, il croit tout, il espère tout, il supporte tout. L'amour ne meurt jamais.

Nous sommes patients, pleins de bonté ; nous ne sommes pas envieux ; nous ne nous vantons pas, nous ne nous enflons pas d'orgueil, nous ne faisons rien de malhonnête, nous ne cherchons pas notre intérêt,

Nous ne nous irritons pas, nous ne soupçonnons pas le mal, nous ne nous réjouissons pas de l'injustice, mais nous nous réjouissons de la vérité ; nous pardonnons tout, nous croyons tout, nous espérons tout, nous supportons tout. Parce que ton amour en nous ne meurt jamais.

SUR TA PAROLE ! **Colossiens 1...9-12** ...et de demander que vous soyez remplis de la connaissance de sa volonté, en toute sagesse et intelligence spirituelle, pour marcher d'une manière digne du Seigneur et lui être entièrement agréables, portant des fruits en toutes sortes de bonnes œuvres et croissant par la connaissance de Dieu, fortifiés à tous égards par sa puissance glorieuse, en sorte que vous soyez toujours et avec joie persévérants et patients.

Nous demandons à être remplis de la connaissance de ta volonté, en toute sagesse et intelligence spirituelle, pour marcher d'une manière digne de toi notre Seigneur pour t'être entièrement agréables, portant des fruits en toutes sortes de bonnes œuvres et croissant par la connaissance de notre Dieu, fortifiés à tous égards par ta puissance glorieuse, en sorte que nous soyons toujours et avec joie persévérants et patients.

SUR TA PAROLE ! **1 Jean 2 : 10** Celui qui aime son frère demeure dans la lumière, et par conséquent il est dans la lumière, aucun obstacle ne risque de le faire tomber.

Nous aimons nos frères, nous demeurons donc dans la lumière, et par conséquent puisque nous sommes dans la lumière, aucun obstacle ne risque de nous faire tomber.

SUR TA PAROLE ! **Matthieu 5 : 44** Eh bien, moi je vous dis : Aimez vos ennemis et priez pour ceux qui vous persécutent,

Nous aimons nos ennemis et nous prions pour ceux qui nous persécutent,

SUR TA PAROLE ! **Colossiens 3 : 13** supportez-vous les uns les autres, et si l'un de vous a quelque chose à reprocher à un autre, pardonnez-vous mutuellement ; le Seigneur vous a pardonné : vous aussi, pardonnez-vous de la même manière.

Nous nous supportons les uns les autres, et si l'un de nous a quelque chose à reprocher à un autre, nous nous pardonnons mutuellement ; Seigneur tu nous as pardonné : nous aussi, nous voulons pardonner de la même manière.

SUR TA PAROLE ! **1 Thessaloniciens 5 : 15** Veillez à ce que personne ne rende à autrui le mal pour le mal, mais recherchez toujours le bien, soit entre vous, soit envers tous les hommes.

Nous veillons à ne pas rendre à autrui le mal pour le mal, mais nous recherchons toujours le bien, soit entre nous, soit envers tous les hommes.

SUR TA PAROLE ! **Psaume 4 : 5** Mettez-vous en colère mais n'allez pas jusqu'à pécher !

Si nous nous mettons en colère, nous n'allons pas jusqu'à pécher !

SUR TA PAROLE ! **Luc 6 : 35** Vous, au contraire, aimez vos ennemis, faites-leur du bien et prêtez sans espoir de retour. Alors votre récompense sera grande, vous serez les fils du Très-Haut, parce qu'il est lui-même bon pour les ingrats et les méchants.

Nous aimons nos ennemis, nous leurs faisons du bien et nous prêtons sans espoir de retour. Aussi notre récompense sera grande, nous sommes fils du Très-Haut, parce qu'il est lui-même bon pour les ingrats et les méchants.

SUR TA PAROLE ! **1 Timothée 6 : 17-19**
Recommande à ceux qui possèdent des richesses en ce monde de se garder de toute arrogance et de ne pas fonder leur espoir sur la richesse, car elle est instable. Qu'ils placent leur espérance en Dieu, qui nous dispense généreusement toutes ses richesses pour que nous en jouissions. Recommande-leur de faire le bien, d'être riches en œuvres bonnes, d'être généreux et de partager avec les autres. Ils s'assureront ainsi pour l'avenir un beau capital placé en lieu sûr afin d'obtenir la vraie vie.

Lorsque nous possédons des richesses en ce monde, nous nous gardons de toute arrogance et nous ne fondons pas notre espoir sur la richesse, car elle est instable. Nous plaçons notre espérance en Dieu, qui nous dispense généreusement toutes ses richesses pour que nous en jouissions.

Nous faisons le bien, nous sommes riches en œuvres bonnes, généreux et nous partageons avec les autres. Nous nous assurons ainsi pour l'avenir un beau capital placé en lieu sûr afin d'obtenir la vraie vie.

SUR TA PAROLE ! **Proverbes 14 : 31** Exploiter le faible, c'est insulter son créateur, mais faire grâce au pauvre, c'est l'honorer.

Nous n'exploitons pas le faible, nous faisons grâce au pauvre ainsi nous honorons notre créateur.

SUR TA PAROLE ! **Proverbes 4 : 7** acquiers la sagesse, procure-toi le discernement au prix de tout ce que tu possèdes.

Nous acquérons la sagesse, nous nous procurons le discernement au prix de tout ce que nous possédons.

SUR TA PAROLE ! **2 Corinthiens 13 : 11** Soyez dans la joie. Travaillez à votre perfectionnement. Encouragez-vous mutuellement. Soyez d'accord entre vous. Vivez dans la paix. Alors le Dieu d'amour et de paix sera avec vous.

Soyons dans la joie. Travaillons à notre perfectionnement. Encourageons-nous mutuellement. Soyons d'accord entre nous. Vivons dans la paix. Alors, toi le Dieu d'amour et de paix tu seras avec nous.

SUR TA PAROLE ! **Psaume 37 : 7** Garde le silence devant l'Eternel et espère en lui, ne t'irrite pas contre celui qui réussit dans ses entreprises, contre l'homme qui réalise ses méchants projets !

Nous gardons le silence devant toi Eternel et espérons en toi, nous ne nous irritons pas contre celui qui réussit dans ses entreprises, contre l'homme qui réalise ses méchants projets !

SUR TA PAROLE ! **Proverbes 19 : 17** Celui qui a pitié du pauvre prête à l'Éternel, Qui lui rendra selon son œuvre.

Nous avons pitié du pauvre ainsi nous prêtons à l'Éternel, Qui nous rendra selon notre œuvre.

SUR TA PAROLE ! **Éphésiens 4 : 2** soyez toujours humbles, aimables et patients, supportez-vous les uns les autres avec amour.

Nous cherchons à être toujours humbles, aimables et patients, nous supportant les uns les autres avec amour.

SUR TA PAROLE ! **Éphésiens 5 : 15** Veillez donc avec soin à votre manière de vivre. Ne vous comportez pas comme des insensés, mais comme des gens sensés.

Nous veillons avec soin à notre manière de vivre. Nous ne nous comportons pas comme des insensés, mais comme des gens sensés.

SUR TA PAROLE ! **2 Corinthiens 1 : 12** Car ce qui fait notre gloire, c'est ce témoignage de notre conscience, que nous nous sommes conduits dans le monde, et surtout à votre égard, avec sainteté et pureté devant Dieu, non point avec une sagesse charnelle, mais avec la grâce de Dieu.

Ce qui fait notre gloire, c'est ce témoignage de notre conscience, que nous nous sommes conduits dans le monde, et à l'égard de tous, avec sainteté et pureté devant toi notre Dieu, non point avec une sagesse charnelle, mais avec ta grâce notre Dieu.

SUR TA PAROLE ! **Proverbes 11 : 25** L'âme généreuse sera comblée, celui qui arrose sera lui-même arrosé.

Nos âmes sont généreuses et nous serons comblés, nous arrosons et nous serons nous-mêmes arrosés.

SUR TA PAROLE ! **1 Thessaloniciens 5 : 14** Nous vous y invitons, frères et sœurs : avertissez ceux qui vivent dans le désordre, réconfortez ceux qui sont abattus, soutenez les faibles, faites preuve de patience envers tous.

Nous avertissons ceux qui vivent dans le désordre, réconfortons ceux qui sont abattus, nous soutenons les faibles, nous faisons preuve de patience envers tous.

SUR TA PAROLE ! **Éphésiens 4 : 32** Soyez bons et compréhensifs les uns envers les autres. Pardonnez-vous réciproquement comme Dieu vous a pardonnés en Christ.

Nous sommes bons et compréhensifs les uns envers les autres. Nous nous pardonnons réciproquement comme notre Dieu tu nous as pardonnés en Christ.

SUR TA PAROLE ! **Proverbes 14 : 29** Celui qui est lent à la colère fait preuve d'une grande intelligence, tandis que celui qui s'énerve facilement proclame sa folie.

Nous sommes lents à la colère faisant preuve d'une grande intelligence, nous ne nous énervons pas facilement…

SUR TA PAROLE ! **Proverbes 14 : 21** Celui qui méprise son prochain commet un péché, mais heureux celui qui a compassion des affligés, des misérables !

Nous ne méprisons pas notre prochain, et nous sommes heureux car nous avons compassion des affligés, des misérables !

SUR TA PAROLE ! **Romains 12 : 10** Soyez pleins d'affection les uns pour les autres ; d'estime mutuelle : faites passer les autres avant vous.

Soyons pleins d'affection les uns pour les autres, d'estime mutuelle, et faisons passer les autres avant nous.

SUR TA PAROLE ! **Galates 6 : 9** Ne nous lassons pas de faire le bien ; car nous moissonnerons au temps convenable, si nous ne nous relâchons pas.

Nous ne nous lassons pas de faire le bien ; car nous moissonnerons au temps convenable, si nous ne nous relâchons pas.

SUR TA PAROLE ! **Luc 14 :13-14** … si tu donnes une réception, invite des pauvres, des estropiés, des paralysés, des aveugles. Si tu fais cela, tu en seras très heureux, précisément parce que ces gens-là n'ont pas la possibilité de te rendre la pareille. Et Dieu te le revaudra lorsque les justes ressusciteront.

Lorsque nous donnons une réception, nous invitons des pauvres, des estropiés, des paralysés, des aveugles. Nous en sommes très heureux, parce que ces gens-là n'ont pas la possibilité de nous rendre la pareille. Et notre Dieu tu nous le revaudras lorsque les justes ressusciteront.

SUR TA PAROLE ! **Proverbes 27 : 17** L'homme s'affine au contact de son prochain tout comme le fer se polit par le fer.

Nous nous affinons au contact de notre prochain tout comme le fer se polit par le fer.

SUR TA PAROLE ! **Jacques 2 : 8** …Tu aimeras ton prochain comme toi-même,

Nous aimons notre prochain comme nous-mêmes,

SUR TA PAROLE ! **Colossiens 3 : 14** …par-dessus toutes ces choses revêtez-vous de la charité, qui est le lien de la perfection.

Par-dessus toutes choses, nous nous revêtons de l'amour qui est le lien de la perfection.

SUR TA PAROLE ! **Psaume 41 : 2-3** Heureux celui qui se soucie du pauvre. S'il est dans le malheur, l'Eternel le délivre, l'Eternel le protège et préserve sa vie : il le rend heureux sur la terre et ne le livre pas au pouvoir de ses ennemis.

Nous sommes heureux de nous soucier du pauvre. Si nous sommes dans le malheur, Eternel tu nous délivres, Eternel tu nous protèges et préserves nos vies : tu nous rends heureux sur la terre et ne nous livres pas au pouvoir de nos ennemis.

SUR TA PAROLE ! **Proverbes 28 : 27** Qui donne au pauvre ne manquera de rien, mais qui détourne les yeux sera comblé de malédictions.

Nous donnons au pauvre, nous ne manquerons de rien. Nous ne détournons pas nos yeux du pauvre (personne en difficulté).

SUR TA PAROLE ! **1 Pierre 4 : 8** Avant tout, aimez-vous ardemment les uns les autres, car l'amour pardonne un grand nombre de péchés.

Nous nous aimons ardemment les uns les autres, car l'amour pardonne un grand nombre de péchés.

SUR TA PAROLE ! **Matthieu 22 : 37** Tu aimeras le Seigneur, ton Dieu, de tout ton cœur, de toute ton âme et de toute ta pensée.

Nous t'aimons Seigneur notre Dieu, de tout notre cœur, de toute notre âme et de toute notre pensée.

SUR TA PAROLE ! **Marc 12 : 31** …Tu aimeras ton prochain comme toi-même.

Et, nous aimons notre prochain comme nous-mêmes.

SUR TA PAROLE ! **Romains 12 : 15** Réjouissez-vous avec ceux qui se réjouissent, pleurez avec ceux qui pleurent.

Nous nous réjouissons avec ceux qui se réjouissent et nous pleurons avec ceux qui pleurent.

SUR TA PAROLE ! **Philippiens 2 : 4** Que chacun de vous, au lieu de regarder à ses propres intérêts, regarde aussi à ceux des autres.

Nous ne regardons pas à nos propres intérêts, nous regardons aussi à ceux des autres.

SUR TA PAROLE ! **Hébreux 13 : 1** Persévérez dans l'amour fraternel.

Nous persévérons dans l'amour fraternel.

SUR TA PAROLE ! **1 Jean 4 : 18** Il n'y a pas de peur dans l'amour ; au contraire, l'amour parfait chasse la peur, car la peur implique une punition. Celui qui éprouve de la peur n'est pas parfait dans l'amour.

Il n'y a pas de peur dans l'amour ; au contraire, l'amour parfait chasse la peur, car la peur implique une punition. Nous n'éprouvons pas de la peur, nous voulons être parfaits dans l'amour.

SUR TA PAROLE ! **Proverbes 17 : 9** Qui veut se faire aimer, pardonne les torts qu'il a subis : les rappeler éloigne son ami.

Nous voulons être dans l'amour, nous pardonnons les torts que nous avons subis : nous décidons de ne pas les rappeler.

SUR TA PAROLE ! **1 Timothée 4 : 12** Que personne ne te méprise pour ton jeune âge, mais efforce-toi d'être un modèle pour les croyants par tes paroles, ta conduite, ton amour, ta foi et ta pureté.

Que personne ne nous méprise pour notre jeune âge, nous nous efforçons d'être un modèle pour les croyants par nos paroles, notre conduite, notre amour, notre foi et notre pureté.

SUR TA PAROLE ! **Philippiens 4 : 5** Que votre douceur soit connue de tous les hommes. Le Seigneur est proche.

Nous nous efforçons à ce que notre douceur soit connue de tous les hommes. Le Seigneur est proche.

SUR TA PAROLE ! **Proverbes 15 : 1** Une réponse douce apaise la colère, mais une parole blessante excite l'irritation.

Nous veillons à donner une réponse douce qui apaise la colère, nous ne donnons pas de parole blessante qui excite l'irritation.

SUR TA PAROLE ! **1 Jean 4 : 12** Personne n'a jamais vu Dieu ; si nous nous aimons les uns les autres, Dieu demeure en nous, et son amour est parfait en nous.

Nous nous aimons les uns les autres, Dieu demeure en nous, et son amour est parfait en nous.

Qu'il nous soit fait selon Ta Parole
Je te fais confiance

Donne-nous aujourd'hui notre pain quotidien

Intercession

Donne-nous aujourd'hui notre pain quotidien

Intercession

SUR TA PAROLE ! **Psaume 133 : 1** Qu'il est agréable, qu'il est doux pour des frères de demeurer ensemble !

Il est agréable et il est doux pour des frères de demeurer ensemble !

SUR TA PAROLE ! **Matthieu 18 : 20** Car là où deux ou trois sont ensembles en mon nom, je suis présent au milieu d'eux.

Car là où nous sommes deux ou trois assemblés en ton nom, tu es présent au milieu de nous.

SUR TA PAROLE ! **Éphésiens 2 : 13** Mais maintenant, en Jésus-Christ, vous qui autrefois étiez loin, vous êtes devenus proches par le sang de Christ.

Mais maintenant, en toi Jésus-Christ, nous qui autrefois étions loin, nous sommes devenus proches par ton sang.

SUR TA PAROLE ! **Hébreux 10 : 22** Approchons-nous donc de Dieu avec un cœur droit, avec la pleine assurance que donne la foi, le cœur purifié de toute mauvaise conscience, et le corps lavé d'une eau pure.

Je m'approche de toi notre Dieu avec un cœur droit, avec la pleine assurance que donne la foi, le cœur purifié de toute mauvaise conscience, et le corps lavé d'une eau pure.

SUR TA PAROLE ! **Romains 8 : 26** De même l'Esprit aussi nous vient en aide dans notre faiblesse. En effet, nous ne savons pas ce qu'il convient de demander dans nos prières, mais l'Esprit lui-même intercède [pour nous] par des soupirs que les mots ne peuvent exprimer.

St- Esprit tu nous viens en aide dans notre faiblesse. En effet, nous ne savons pas ce qu'il convient de demander dans nos prières, toi-même tu intercèdes pour nous par des soupirs que les mots ne peuvent exprimer.

SUR TA PAROLE ! **Colossiens 2 : 2** Je combats pour eux afin qu'ils soient encouragés et que, unis par l'amour, ils accèdent ensemble, en toute sa richesse, à la certitude que donne la compréhension du secret de Dieu, à la pleine connaissance de ce secret, c'est-à-dire du Christ.

Nous combattons les uns pour les autres afin que nous soyons encouragés et que, unis par l'amour, nous accédions ensemble, en toute sa richesse, à la certitude que donne la compréhension de ton secret notre Dieu, à la pleine connaissance de ce secret, c'est-à-dire du Christ.

SUR TA PAROLE ! **Matthieu 18 : 18** Je vous le dis en vérité, tout ce que vous lierez sur la terre sera lié dans le ciel et tout ce que vous délierez sur la terre sera délié dans le ciel.

Tu nous le dis Jésus, tout ce que nous lierons sur la terre sera lié dans le ciel et tout ce que nous délierons sur la terre sera délié dans le ciel.

SUR TA PAROLE ! **2 Corinthiens 10 : 5** Nous renversons les raisonnements et tout obstacle qui s'élève avec orgueil contre la connaissance de Dieu, et nous faisons toute pensée prisonnière pour qu'elle obéisse à Christ.

Nous renversons les raisonnements et tout obstacle qui s'élève avec orgueil contre la connaissance de Dieu, et nous faisons toute pensée prisonnière pour qu'elle obéisse à Christ.

SUR TA PAROLE ! **Matthieu 18 : 19** Je vous dis encore que, si deux d'entre vous s'accordent sur la terre pour demander une chose quelconque, elle leur sera accordée par mon Père qui est dans les cieux.

Tu nous dis encore que si deux d'entre nous s'accordent sur la terre pour demander une chose quelconque, elle nous sera accordée par toi notre Père qui est dans les cieux.

SUR TA PAROLE ! **Ephésiens 2 : 6** … il nous a ressuscités ensemble, et nous a fait asseoir ensemble dans les lieux célestes, en Jésus-Christ

Notre Dieu tu nous as ressuscités ensemble, et tu nous as fait asseoir ensemble dans les lieux célestes, en Jésus-Christ

SUR TA PAROLE ! **Psaume 18 : 30** Avec toi, je me précipite sur une troupe bien armée, grâce à toi, je franchis des murs.

Avec toi, nous nous précipitons sur une troupe bien armée, grâce à toi, nous franchissons des murs.

SUR TA PAROLE ! **Ephésiens 6 : 13** C'est pourquoi, prenez toutes les armes de Dieu, afin de pouvoir résister dans le mauvais jour, …

Nous prenons toutes les armes de Dieu, afin de pouvoir résister dans le mauvais jour, …

SUR TA PAROLE ! **Ephésiens 6 : 12** Car nous n'avons pas à lutter contre la chair et le sang, mais contre les dominations, les autorités, contre les princes de ce monde de ténèbres, contre les esprits méchants dans les lieux célestes.

Nous n'avons pas à lutter contre la chair et le sang, mais contre les dominations, les autorités, contre les princes de ce monde de ténèbres, contre les esprits méchants dans lieux célestes.

SUR TA PAROLE ! **Colossiens 2 : 15** …il a dépouillé les dominations et les autorités et les a livrées publiquement en spectacle, en triomphant d'elles par la Croix.

Seigneur Jésus tu as dépouillé les dominations et les autorités et tu les as livrées publiquement en spectacle, en triomphant d'elles par la Croix.

SUR TA PAROLE ! **Psaume 21 : 14** Lève-toi Eternel, avec ta force ! Nous voulons chanter, célébrer ta puissance.

Lève-toi Eternel, avec ta force ! Nous voulons chanter, célébrer ta puissance.

Qu'il nous soit fait selon Ta Parole
Je te fais confiance

Donne-nous aujourd'hui notre pain quotidien

Soucis

Problèmes

Soucis

Problèmes

SUR TA PAROLE ! **Genèse 15 : 1** Abram, ne crains point ; je suis ton bouclier, et ta récompense sera très grande.

Je déclare : .... (mon Prénom), je ne crains point ; mon Dieu est mon bouclier, et ma récompense sera très grande.

SUR TA PAROLE ! **Exode 20 : 20** Ne vous effrayez pas ; car c'est pour vous mettre à l'épreuve que Dieu est venu, et c'est pour que vous ayez sa crainte devant les yeux, afin que vous ne péchiez point.

Nous ne nous effrayons pas ; car c'est pour nous mettre à l'épreuve notre Dieu que tu es venu, et c'est pour que nous ayons ta crainte devant les yeux, afin que nous ne péchions point.

SUR TA PAROLE ! **Jérémie 15 : 15** Toi, tu sais tout, Eternel ! Souviens-toi de moi, interviens en ma faveur,

Toi tu sais tout, Eternel ! Souviens-toi de nous, interviens en notre faveur,

SUR TA PAROLE ! **Philippiens 4 : 6 - 7** Ne vous inquiétez de rien ; mais en toute chose faites connaître vos besoins à Dieu par des prières et des supplications, avec des actions de grâces. Et la paix de Dieu, qui surpasse toute intelligence, gardera vos cœurs et vos pensées en Jésus Christ.

Nous ne nous inquiétons de rien ; mais en toute chose nous te faisons connaître nos besoins notre Dieu par des prières et des supplications, avec des actions de grâces. Et ta paix notre Dieu, qui surpasse toute intelligence, garde nos cœurs et nos pensées en Jésus Christ.

SUR TA PAROLE ! **Psaume 55 : 23** Rejette ton fardeau sur l'Eternel : il prendra soin de toi, il ne laissera pas le juste s'écrouler pour toujours.

Nous rejetons notre fardeau sur toi Eternel : tu prends soin de nous, tu ne nous laisses pas, nous écrouler pour toujours.

SUR TA PAROLE ! **1 Pierre 5 : 7** Déchargez-vous sur lui de tous vos soucis, car lui-même prend soin de vous.

Nous nous déchargeons sur toi de tous nos soucis, car toi-même tu prends soin de nous.

SUR TA PAROLE ! **Psaume 37 : 5** Recommande ton sort à l'Éternel, Mets en lui ta confiance, et il agira.

Nous te recommandons notre sort Eternel, nous mettons en toi notre confiance, et tu agiras.

SUR TA PAROLE ! **Psaume 20 : 1** Que l'Éternel t'exauce au jour de la détresse,

Éternel tu nous exauces au jour de la détresse,

SUR TA PAROLE ! **Matthieu 11 : 28-30** Venez à moi, vous tous qui êtes accablés sous le poids d'un lourd fardeau, et je vous donnerai du repos. Prenez mon joug sur vous et mettez-vous à mon école, car je suis doux et humble de cœur, et vous trouverez le repos pour vous-mêmes. Oui, mon joug est facile à porter et la charge que je vous impose est légère.

Nous venons à toi, nous tous qui sommes accablés sous le poids d'un lourd fardeau, et tu nous donnes du repos. Nous prenons ton joug sur nous et nous nous mettons à ton école, car tu es doux et humble de cœur, et nous trouverons le repos pour nous-mêmes. Oui, ton joug est facile à porter et la charge que tu nous imposes est légère.

SUR TA PAROLE ! **Ésaïe 43 : 18-19** Ne pensez plus aux événements passés, Et ne considérez plus ce qui est ancien. Voici, je vais faire une chose nouvelle, sur le point d'arriver : Ne la connaîtrez-vous pas ? Je mettrai un chemin dans le désert, Et des fleuves dans la solitude.

Nous ne pensons plus aux événements passés, Et nous ne considérons plus ce qui est ancien. Voici, tu fais une chose nouvelle... Tu mets un chemin dans le désert, Et des fleuves dans la solitude.

SUR TA PAROLE ! **Psaume 107 : 28** Dans leur détresse, ils ont crié à l'Eternel, et il les délivra de leurs angoisses.

Dans notre détresse, nous avons crié à toi Eternel, et tu nous as délivrés de nos angoisses.

SUR TA PAROLE ! **Nahum 1 : 7** L'Eternel est bon ; il est une forteresse au jour de la détresse et il connaît ceux qui se confient en lui.

Eternel, tu es bon ; tu es notre forteresse au jour de la détresse et tu nous connais, nous qui nous confions en toi.

SUR TA PAROLE ! **Psaume 91 : 14-15** Parce qu'il s'est attaché à moi, le Seigneur, je vais le sauver et le protéger car il me connaît. Il m'invoquera, je lui répondrai, oui, je serai avec lui au moment de la détresse, et je le délivrerai, je le couvrirai de gloire.

Nous nous sommes attachés à toi, Seigneur, alors tu nous sauves et nous protèges car nous te connaissons. Nous t'invoquons et tu nous réponds, oui, tu es avec nous au moment de la détresse, et tu nous délivres, tu nous couvres de gloire.

SUR TA PAROLE ! **Psaume 145 : 9** L'Eternel est bon envers tous, et ses compassions sont sur toutes ses œuvres.

Eternel tu es bon envers tous et tes compassions sont sur toutes tes œuvres.

SUR TA PAROLE ! **Ésaïe 50 : 7** le Seigneur, l'Eternel, est venu à mon aide. Voilà pourquoi je ne me suis pas laissé atteindre par les insultes, voilà pourquoi j'ai rendu mon visage dur comme une pierre, et je sais que je ne serai pas couvert de honte.

Seigneur, Eternel, tu es venu à notre aide. Voilà pourquoi nous ne nous sommes pas laissé atteindre par les insultes, voilà pourquoi nous avons rendu nos visages durs comme une pierre, et nous savons que nous ne serons pas couverts de honte.

SUR TA PAROLE ! **Ésaïe 41 : 10** N'aie pas peur, car je suis moi-même avec toi. Ne promène pas des regards inquiets, car je suis ton Dieu. Je te fortifie, je viens à ton secours, je te soutiens par ma main droite, la main de la justice.

Nous n'avons pas peur, car tu es toi-même avec nous. Nous ne promenons pas des regards inquiets, car tu es notre Dieu. Tu nous fortifies, tu viens à notre secours, tu nous soutiens par ta main droite, la main de la justice.

SUR TA PAROLE ! **Psaume 34 : 19** Car l'Eternel est proche de ceux qui ont le cœur brisé. Il sauve ceux qui ont un esprit abattu.

Car tu es proche de nous qui avons le cœur brisé. Tu nous sauves lorsque notre esprit est abattu.

SUR TA PAROLE ! **Jérémie 30 : 17** Mais je te guérirai, je panserai tes plaies, Dit l'Éternel.

Eternel tu nous guéris et tu panses nos plaies.

SUR TA PAROLE ! **Psaume 126 : 5** Ceux qui sèment avec larmes moissonneront dans la joie,

Alors que nous semons avec larmes, nous moissonnerons dans la joie,

SUR TA PAROLE ! **Psaume 10 : 14** Pourtant, toi, tu vois bien la peine et la souffrance, tu veilles pour tout prendre en mains ! Le faible s'abandonne à toi, tu viens en aide à l'orphelin.

Tu vois bien nos peines et nos souffrances, tu veilles pour tout prendre en mains ! Le faible s'abandonne à toi et tu viens en aide à l'orphelin.

SUR TA PAROLE ! **Psaume 119 : 50** Dans ma misère, mon réconfort c'est ta promesse qui me fait vivre.

Dans notre misère, notre réconfort c'est ta promesse qui nous fait vivre.

SUR TA PAROLE ! **1 Pierre 5 : 10** Mais quand vous aurez souffert un peu de temps, Dieu, l'auteur de toute grâce, qui vous a appelés à connaître sa gloire éternelle dans l'union à Jésus-Christ, vous rétablira lui-même ; il vous affermira, vous fortifiera et vous rendra inébranlables.

Mais, après avoir souffert un peu de temps, notre Dieu, toi l'auteur de toute grâce, qui nous a appelés à connaître ta gloire éternelle dans l'union à Jésus-Christ, tu nous rétablis toi-même ; tu nous affermis, tu nous fortifies et tu nous rends inébranlables.

SUR TA PAROLE ! **Psaume 116 : 8** Oui, Eternel, tu m'as délivré de la mort, tu as séché mes pleurs, tu m'as préservé de la chute :

Oui Eternel, tu nous as délivrés de la mort, tu as séché nos pleurs, tu nous as préservés de la chute :

SUR TA PAROLE ! **Esaïe 66 : 13** Comme un enfant que sa mère console, je vous consolerai. Oui, dans Jérusalem, vous serez consolés.

Comme un enfant que sa mère console, tu nous consoleras. Oui, dans Jérusalem, nous serons consolés.

SUR TA PAROLE ! **Apocalypse 7 : 17** Car l'Agneau qui est au milieu du trône prendra soin d'eux comme un berger, il les conduira vers les sources d'eaux vives, et Dieu lui-même essuiera toute larme de leurs yeux.

Toi l'Agneau qui est au milieu du trône tu prends soin de nous comme un berger, tu nous conduis vers les sources d'eaux vives, et toi-même notre Dieu, tu essuieras toute larme de nos yeux.

Qu'il nous soit fait selon Ta Parole

Je te fais confiance

Assistance

Assistance

SUR TA PAROLE ! **Genèse 28 : 15** Voici, je suis avec toi, je te garderai partout où tu iras, et je te ramènerai dans ce pays ; car je ne t'abandonnerai point, que je n'aie exécuté ce que je te dis.

Tu es avec nous, tu nous garderas partout où nous irons..., car tu ne nous abandonneras point, que tu n'aies exécuté ce que tu nous dis.

SUR TA PAROLE ! **Exode 23 : 20** Voici, j'envoie un ange devant toi, pour te protéger en chemin, et pour te faire arriver au lieu que j'ai préparé.

Tu envoies un ange devant nous, pour nous protéger en chemin, et pour nous faire arriver au lieu que tu as préparé.

SUR TA PAROLE ! **Deutéronome 33 : 12** …Aimé de l'Eternel, il demeure en sécurité auprès de lui, ce Dieu qui le protège continuellement, qui habite lui-même entre ses deux épaules.

Eternel tu nous aimes, nous demeurons en sécurité auprès de toi, notre Dieu tu nous protèges continuellement et habite toi-même entre nos deux épaules.

SUR TA PAROLE ! **Jérémie 17 : 10** « Moi, l'Eternel, moi, je sonde les cœurs, je scrute le tréfonds de l'être pour donner à chacun ce que lui auront valu sa conduite et les effets de ses agissements. »

Toi, Eternel, tu sondes nos cœurs, tu scrutes le tréfonds de notre être pour donner à chacun de nous ce que nous aurons valu notre conduite et les effets de nos agissements.

SUR TA PAROLE ! **Psaume 111 : 5** Il a donné de la nourriture à ceux qui le craignent ; Il se souvient toujours de son alliance.

Tu nous as donné de la nourriture à nous qui te craignons ; Tu te souviens toujours de ton alliance.

SUR TA PAROLE ! **Psaume 23 : 1** Il me fait reposer dans de verts pâturages, Il me dirige près des eaux paisibles.

Tu nous fais reposer dans de verts pâturages, tu nous diriges près des eaux paisibles.

SUR TA PAROLE ! **Psaume 46 : 2** Dieu est pour nous un refuge et un appui, Un secours qui ne manque jamais dans la détresse.

Notre Dieu tu es pour nous un refuge et un appui, Un secours qui ne manque jamais dans la détresse.

SUR TA PAROLE ! **Psaume 28 : 7** L'Eternel est ma force, mon bouclier. En lui je me confie ; il vient à mon secours. Aussi mon cœur bondit de joie. Je veux chanter pour le louer.

Eternel tu es notre force, notre bouclier. En toi nous nous confions ; tu viens à notre secours. Aussi nos cœurs bondissent de joie. Nous voulons chanter pour te louer.

SUR TA PAROLE ! **Ésaïe 59 : 1** Non, la main de l'Éternel n'est pas trop courte pour sauver, Ni son oreille trop dure pour entendre.

Non ta main n'est pas trop courte pour nous sauver notre Dieu, Ni ton oreille trop dure pour nous entendre.

SUR TA PAROLE ! **Psaume 132 : 15** …je la bénirai en la comblant de biens, et je rassasierai tous ses pauvres de pain.

Tu nous bénis en nous comblant de biens, et tu rassasies tous nos pauvres de pain.

SUR TA PAROLE ! **Psaume 34 : 18** Quand les justes crient, l'Eternel entend, et il les délivre de toutes leurs détresses.

Eternel lorsque nous, les justes, nous crions tu nous entends, et tu nous délivres de toutes nos détresses.

SUR TA PAROLE ! **Psaume 68 : 20** Que le Seigneur soit loué jour après jour, c'est lui qui nous prend en charge. Ce Dieu est notre Sauveur.

Seigneur sois loué jour après jour, toi, tu nous prends en charge. Tu es le Dieu qui est notre Sauveur.

SUR TA PAROLE ! **Psaume 107 : 6** Dans leur détresse, ils crièrent à l'Éternel, Et il les délivra de leurs angoisses;

Eternel dans notre détresse, nous avons crié à toi, Et tu nous as délivrés de nos angoisses ;

SUR TA PAROLE ! **2 Corinthiens 1 : 3 - 4** Béni soit Dieu, le Père de notre Seigneur Jésus-Christ, le Père qui est plein de bonté, le Dieu qui réconforte dans toutes les situations. Il nous réconforte dans toutes nos détresses, afin qu'à notre tour nous soyons capables de réconforter ceux qui passent par toutes sortes de détresses, en leur apportant le réconfort que Dieu nous a apporté.

Nous te bénissons notre Dieu, toi le Père de notre Seigneur Jésus-Christ, notre Père qui est plein de bonté, le Dieu qui nous réconforte dans toutes les situations. Tu nous réconfortes dans toutes nos détresses, afin qu'à notre tour nous soyons capables de réconforter ceux qui passent par toutes sortes de détresses, en leur apportant le réconfort que tu nous as apporté.

SUR TA PAROLE ! **Ésaïe 50 : 9** C'est le Seigneur, l'Eternel, qui viendra à mon aide : qui me condamnera?

C'est toi Seigneur, toi l'Eternel qui vient à notre aide : qui nous condamnera ?

SUR TA PAROLE ! **Romains 8 : 1** Il n'y a donc maintenant aucune condamnation pour ceux qui sont en Jésus-Christ, qui marchent, non selon la chair mais selon l'Esprit.

Il n'y a maintenant aucune condamnation pour nous qui sommes en Jésus-Christ et qui marchons, non selon la chair mais selon l'Esprit.

SUR TA PAROLE ! **Hébreux 13 : 6** C'est donc avec assurance que nous pouvons dire : Le Seigneur est mon aide, je ne craindrai rien ; que peut me faire un homme ?

C'est donc avec assurance que nous pouvons dire : Seigneur tu es notre aide, nous ne craindrons rien ; que peut nous faire un homme ?

SUR TA PAROLE ! **Psaume 32 : 7** Tu es un abri pour moi, tu me gardes du danger. Autour de moi retentissent les chants de la délivrance.

Tu es un abri pour nous, tu nous gardes du danger. Autour de nous retentissent des chants de délivrance.

SUR TA PAROLE ! **Ésaïe 40 : 29** Il donne de la force à celui qui est fatigué, Et il augmente la vigueur de celui qui tombe en défaillance.

Tu nous donnes de la force lorsque nous sommes fatigués, Et tu augmentes en nous la vigueur quand nous tombons en défaillance.

Qu'il nous soit fait selon Ta Parole
Je te fais confiance

Paix

Paix

SUR TA PAROLE ! **Jean 14 : 27** Je vous laisse la paix, je vous donne ma paix.

Jésus, merci pour la paix que tu nous donnes.

SUR TA PAROLE ! **Colossiens 1 :19-20** il a voulu par lui réconcilier tout avec lui-même, tant ce qui est sur la terre que ce qui est dans les cieux, en faisant la paix par lui, par le sang de sa croix.

Tu a voulu par lui (Jésus-Christ) réconcilier tout avec toi-même, tant ce qui est sur la terre que ce qui est dans les cieux, en faisant la paix par lui, par le sang de sa croix.

SUR TA PAROLE ! **Romains 14 : 19** Ainsi donc, cherchons toujours ce qui contribue à favoriser la paix et à nous faire grandir les uns les autres dans la foi.

Nous cherchons toujours ce qui contribue à favoriser la paix et à nous faire grandir les uns les autres dans la foi.

SUR TA PAROLE ! **Hébreux 13 : 20-21** Le Dieu de la paix a ramené d'entre les morts notre Seigneur Jésus, devenu le grand berger des brebis grâce au sang d'une alliance éternelle. Qu'il vous rende capables de toute bonne œuvre pour l'accomplissement de sa volonté, qu'il fasse en vous ce qui lui est agréable par Jésus-Christ, à qui soit la gloire aux siècles des siècles ! Amen!

Notre Dieu de paix a ramené d'entre les morts notre Seigneur Jésus, devenu le grand berger des brebis grâce au sang d'une alliance éternelle. Rends-nous capables de toute bonne œuvre pour l'accomplissement de ta volonté, fais en nous ce qui t'es agréable par Jésus-Christ, à qui est la gloire aux siècles des siècles ! Amen !

SUR TA PAROLE ! **Psaume 119 : 165** Grande est la paix de celui qui aime ta Loi : aucun obstacle ne le fera tomber.

Grande est notre paix, nous qui aimons ta Loi : aucun obstacle ne nous fera tomber.

SUR TA PAROLE ! **1 Thessaloniciens 4 : 11** … en mettant votre point d'honneur à vivre dans la paix, à vous occuper chacun de ses propres affaires, et à gagner votre vie par votre propre travail, comme nous vous l'avons déjà recommandé,

Nous mettons notre point d'honneur à vivre dans la paix, à nous occuper chacun de nos propres affaires, et à gagner notre vie par notre propre travail, comme il nous est recommandé,

SUR TA PAROLE ! **Psaume 37 : 11** Mais ceux qui sont humbles auront le pays comme possession, et ils jouiront d'une paix profonde.

Nous nous efforçons à être humbles, nous posséderons le pays où nous sommes, et nous jouirons d'une paix profonde.

SUR TA PAROLE ! **Proverbes 1 : 33** Mais celui qui m'écoute habitera en sécurité, il vivra tranquille, sans avoir à redouter le malheur.

Nous t'écoutons notre Dieu et nous habitons en sécurité, nous vivons tranquilles, sans avoir à redouter le malheur.

SUR TA PAROLE ! **Psaume 19 : 9** Les ordonnances de l'Éternel sont droites, elles réjouissent le cœur ; Les commandements de l'Éternel sont purs, ils éclairent les yeux.

Eternel tes ordonnances sont droites, elles réjouissent notre cœur ; tes commandements sont purs, ils éclairent nos yeux.

SUR TA PAROLE ! **Ésaïe 57 : 2** La paix viendra et ceux qui suivent le droit chemin pourront dormir tranquilles.

La paix vient et nous qui te suivons dans le droit chemin nous pouvons dormir tranquilles.

SUR TA PAROLE ! **Proverbes 12 : 20** …la joie est pour ceux qui conseillent la paix.

Nous avons de la joie alors que nous conseillons la paix.

SUR TA PAROLE ! **Jean 16 : 33** Je vous ai dit ces choses afin que vous ayez la paix en moi. Vous aurez des tribulations dans le monde ; mais prenez courage, j'ai vaincu le monde.

Jésus tu nous as dit ces choses afin que nous ayons la paix en toi. Nous aurons des tribulations dans le monde ; mais nous prenons courage, tu as vaincu le monde.

SUR TA PAROLE ! **Colossiens 3 : 15** Que la paix de Christ règne dans vos cœurs !

La paix de Christ règne dans nos cœurs.

Qu'il nous soit fait selon Ta Parole

Je te fais confiance

Donne-nous aujourd'hui notre pain quotidien

Consolation

Consolation

SUR TA PAROLE ! **Psaume 139 : 23 - 24** Sonde-moi, ô Dieu, pénètre mon cœur, examine-moi, et pénètre les pensées qui me bouleversent ! Regarde si je suis sur une mauvaise voie et dirige-moi sur la voie de l'éternité !

Sonde-nous, notre Dieu, pénètre nos cœurs, examine-nous, et pénètre-les pensées qui nous bouleversent ! Regarde si nous sommes sur une mauvaise voie et dirige nous sur la voie de l'éternité!

SUR TA PAROLE ! **Jean 14 : 16** Et moi, je prierai le Père, et il vous donnera un autre consolateur, afin qu'il demeure éternellement avec vous, l'Esprit de vérité

Jésus tu as prié le Père et il nous a donné un autre consolateur, qui demeure éternellement avec nous, l'Esprit de vérité

SUR TA PAROLE ! **Jean 14 : 26** Mais, le consolateur, l'Esprit-Saint, que le Père enverra en mon nom, vous enseignera toutes choses

Le consolateur, l'Esprit-Saint, que le Père a envoyé en ton nom Jésus, nous enseigne toutes choses

SUR TA PAROLE ! **Psaume 145 : 9** L'Eternel est bon envers tous les hommes et plein de tendresse pour toutes les créatures

Eternel tu es bon envers nous, et plein de tendresse pour toutes les créatures.

SUR TA PAROLE ! **Psaume 147 : 3** Il guérit ceux qui ont le cœur brisé, Et il panse leurs blessures.

Tu nous guéris, lorsque nous avons le cœur brisé, Et tu panses nos blessures.

SUR TA PAROLE ! **Lamentations 3 : 22-23** Les bontés de l'Éternel ne sont pas épuisées, Ses compassions ne sont pas à leur terme ; Elles se renouvellent chaque matin. Oh ! que ta fidélité est grande !

Tes bontés Éternel ne sont pas épuisées, tes compassions ne sont pas à leur terme ; Elles se renouvellent chaque matin, que ta fidélité est grande !

SUR TA PAROLE ! **Esaïe 61 : 1** Car l'Eternel m'a oint pour porter de bonnes nouvelles aux malheureux ; Il m'a envoyé pour guérir ceux qui ont le cœur brisé

Car Eternel tu m'as oint pour porter de bonnes nouvelles aux malheureux : tu m'as envoyé pour guérir ceux qui ont le cœur brisé

SUR TA PAROLE ! **Philémon 1 : 20** …réconforte mon cœur pour l'amour du Christ.

Nous déclarons que tu réconfortes nos cœurs pour l'amour du Christ.

SUR TA PAROLE ! **2 Corinthiens 1 : 3 - 4** Béni soit Dieu, le Père de notre Seigneur Jésus-Christ, le Père qui est plein de bonté, le Dieu qui réconforte dans toutes les situations. Il nous réconforte dans toutes nos détresses, afin qu'à notre tour nous soyons capables de réconforter ceux qui passent par toutes sortes de détresses, en leur apportant le réconfort que Dieu nous a apporté.

Nous te bénissons notre Dieu, toi le Père de notre Seigneur Jésus-Christ, notre Père qui est plein de bonté, le Dieu qui nous réconforte dans toutes les situations. Tu nous réconfortes dans toutes nos détresses, afin qu'à notre tour nous soyons capables de réconforter ceux qui passent par toutes sortes de détresses, en leur apportant le réconfort que tu nous as apporté.

SUR TA PAROLE ! **Ésaïe 54 : 10** Même si les montagnes se mettaient à bouger, même si les collines venaient à chanceler, mon amour envers toi ne bougera jamais ; mon alliance de paix ne chancellera pas, déclare l'Eternel, rempli de tendresse pour toi.

Eternel, rempli de tendresse pour nous, tu as déclaré que même si les montagnes se mettaient à bouger, même si les collines venaient à chanceler, ton amour envers nous ne bougera jamais ; ton alliance de paix ne chancellera pas,

Qu'il nous soit fait selon Ta Parole

Je te fais confiance

Donne-nous aujourd'hui notre pain quotidien

Maladie

Maladie

SUR TA PAROLE ! **Psaume 80 : 4** O Dieu, rétablis-nous, montre-toi favorable, et nous serons sauvés !

O Dieu, rétablis-nous, montre-toi favorable, et nous serons sauvés !

SUR TA PAROLE ! **Jérémie 33 :6** Voici je lui donnerai la guérison et la santé, je les guérirai, Et je leur ouvrirai une source abondante de paix et de fidélité.

Tu nous donnes guérison et santé, tu nous guéris, Et tu nous ouvres une source abondante de paix et de fidélité.

SUR TA PAROLE ! **Esaïe 53 : 5** … Et c'est par ses meurtrissures que nous sommes guéris.

C'est par tes meurtrissures Jésus que nous sommes guéris.

SUR TA PAROLE ! **Jacques 5 : 14** Quelqu'un parmi vous est-il malade ? Qu'il appelle les anciens de l'Eglise, et que les anciens prient pour lui en l'oignant d'huile au nom du Seigneur ; la prière de la foi sauvera le malade, et le Seigneur le relèvera ; et s'il a commis des péchés il lui sera pardonné.

Lorsque nous sommes malades, nous pouvons appeler les anciens de l'Eglise, les anciens prieront pour nous en nous oignant d'huile au nom du Seigneur ; la prière de la foi nous sauvera, et le Seigneur nous relèvera ; et si nous avons commis des péchés, il nous sera pardonné.

SUR TA PAROLE ! **1 Pierre 2 : 24** Il a pris nos péchés sur lui et les a portés dans son corps, sur la croix, afin qu'étant morts pour le péché, nous menions une vie juste. Oui, c'est par ses blessures que vous avez été guéris.

Jésus tu as pris nos péchés sur toi et tu les as portés dans ton corps, sur la croix, afin qu'étant morts pour le péché, nous menions une vie juste. Oui, c'est par tes blessures que nous avons été guéris.

Qu'il nous soit fait selon Ta Parole

Je te fais confiance

Donne-nous aujourd'hui notre pain quotidien

Supplication

Supplication

SUR TA PAROLE ! **Jérémie 15 : 18-21** Pourquoi ma souffrance est-elle continuelle ? Pourquoi ma plaie est-elle douloureuse, et ne veut-elle pas se guérir ? Serais-tu pour moi comme une source trompeuse, Comme une eau dont on n'est pas sûr ? C'est pourquoi ainsi parle l'Éternel : Si tu te rattaches à moi, je te répondrai, et tu te tiendras devant moi ; Si tu sépares ce qui est précieux de ce qui est vil, tu seras comme ma bouche. C'est à eux de revenir à toi, Mais ce n'est pas à toi de retourner vers eux. Je te rendrai pour ce peuple comme une forte muraille d'airain ; Ils te feront la guerre, mais ils ne te vaincront pas ; Car je serai avec toi pour te sauver et te délivrer, Dit l'Éternel. Je te délivrerai de la main des méchants, Je te sauverai de la main des violents.

Dans nos épreuves nous nous tournons vers toi Eternel : « Pourquoi notre souffrance est-elle continuelle ? Pourquoi notre plaie est-elle douloureuse, et ne veut-elle pas se guérir ? Serais-tu pour nous comme une source trompeuse, Comme une eau dont on n'est pas sûr ? »

Mais tu nous dis Eternel que si nous nous attachons à toi, nous pouvons nous tenir devant toi ; séparer ce qui est précieux de ce qui est vil et nous serons comme ta bouche. C′est à eux de revenir à nous, Mais ce n′est pas à nous de retourner vers eux.

Tu nous rends pour ce peuple comme une forte muraille d′airain ; Ils peuvent nous faire la guerre, mais ils ne nous vaincront pas ; Car tu es avec nous pour nous sauver et nous délivrer, c'est ce que tu Dis Éternel. Tu nous délivres de la main des méchants, Tu nous sauves de la main des violents. »

SUR TA PAROLE ! **2 Chroniques 20 : 9** …nous t'appellerons au secours du sein de notre détresse ; tu écouteras et tu sauveras !

Nous t'appelons au secours du sein de notre détresse ; tu nous écoutes et tu nous sauves !

SUR TA PAROLE ! **Psaume 31 : 16-17** Mes destinées sont dans ta main ; Délivre-moi de mes ennemis et de mes persécuteurs ! Fais luire ta face sur ton serviteur, Sauve-moi par ta grâce ! Éternel, que je ne sois pas confondu quand je t'invoque.

Nos destinées sont dans ta main ; Délivre-nous de nos ennemis et de nos persécuteurs ! Fais luire ta face sur nous tes serviteurs, Sauve-nous par ta grâce ! Éternel, que nous ne soyons pas confondus quand nous t'invoquons.

SUR TA PAROLE ! **Deutéronome 1 : 29 – 30** Ne vous épouvantez pas, et n'ayez pas peur d'eux. L'Éternel, votre Dieu, qui marche devant vous, combattra lui-même pour vous, selon tout ce qu'il a fait pour vous sous vos yeux en Égypte,

Nous ne nous épouvantons pas, et nous n'avons pas peur. Éternel, notre Dieu, tu marches devant nous, tu combattras toi-même pour nous,

SUR TA PAROLE ! **Psaume 31 : 18-19** Éternel, que je ne sois pas confondu quand je t'invoque. Que les méchants soient confondus, …Qu'elles deviennent muettes, les lèvres menteuses Qui parlent avec audace contre le juste, Avec arrogance et dédain !

Éternel, que nous ne soyons pas confondus quand nous t'invoquons. Que les méchants soient confondus, … Qu'elles deviennent muettes, les lèvres menteuses, Qui parlent avec audace contre le juste, Avec arrogance et dédain !

SUR TA PAROLE ! **Deutéronome 7 : 18** Rappelle à ton souvenir ce que l'Éternel, ton Dieu, a fait à Pharaon et à toute l'Égypte,

Nous rappelons à notre souvenir Éternel notre Dieu ce que tu as fait à Pharaon et à toute l'Égypte (nos oppresseurs),

SUR TA PAROLE ! **2 Chroniques 20 : 17** Vous n'aurez point à combattre en cette affaire : présentez-vous, tenez-vous là, et vous verrez la délivrance que l'Éternel vous accordera. Juda et Jérusalem, ne craignez point et ne vous effrayez point, demain, sortez à leur rencontre, et l'Éternel sera avec vous !

Nous n'aurons point à combattre en cette affaire : présentons-nous, tenons-nous là, et nous verrons la délivrance Éternel que tu nous accorderas... Nous ne craignons point et ne nous effrayons point, demain, nous sortirons à leur rencontre, et Éternel tu seras avec nous !

SUR TA PAROLE ! **Psaume 141 : 8** C'est vers toi, ô Eternel, qui est mon Seigneur, que se tournent mes regards ; je cherche en toi mon refuge. Ne me laisse pas périr !

C'est vers toi Eternel, notre Seigneur, que nous tournons nos regards ; nous cherchons en toi notre refuge et tu ne nous laisses pas périr !

SUR TA PAROLE ! **Psaume 18 : 17** Du haut du ciel, il étend sa main pour me prendre, me retirer des grandes eaux,

Du haut du ciel, tu étends ta main pour nous prendre, nous retirer des grandes eaux,

SUR TA PAROLE ! **Psaume 40 : 2-3** J'ai mis tout mon espoir en l'Eternel. Il s'est penché vers moi, il a prêté l'oreille à ma supplication. Il m'a fait remonter du puits de destruction et du fond de la boue. Il m'a remis debout, les pieds sur un rocher, et il a affermi mes pas.

Nous déclarons Eternel que nous avons mis tout notre espoir en toi. Tu t'es penché vers nous, tu as prêté l'oreille à notre supplication. Tu nous as fait remonter du puits de destruction et du fond de la boue. Tu nous as remis debout, les pieds sur un rocher, et tu as affermi nos pas.

SUR TA PAROLE ! **Psaume 28 : 6** Béni soit l'Eternel, car il a entendu mes supplications !

Béni sois-tu Eternel, car tu as entendu mes supplications !

SUR TA PAROLE ! **Psaume 68 : 20** Que le Seigneur soit loué jour après jour, c'est lui qui nous prend en charge. Ce Dieu est notre Sauveur.

Seigneur nous te louons jour après jour, c'est toi qui nous prends en charge. Notre Dieu tu es notre Sauveur.

SUR TA PAROLE ! **Apocalypse 21 : 4** Il essuiera toute larme de leurs yeux. La mort ne sera plus et il n'y aura plus ni deuil, ni plainte, ni souffrance. Car ce qui était autrefois a définitivement disparu.

Tu essuies toute larme de nos yeux. La mort ne sera plus et il n'y aura plus ni deuil, ni plainte, ni souffrance. Car ce qui était autrefois aura définitivement disparu.

Donne-nous aujourd'hui notre pain quotidien

Les promesses

Projets

Les promesses

Projets

SUR TA PAROLE ! **Deutéronome 28 : 2-14** Voici toutes les bénédictions qui se répandront sur toi et qui seront ton partage, lorsque tu obéiras à la voix de l'Éternel, ton Dieu : Tu seras béni dans la ville, et tu seras béni dans les champs. Le fruit de tes entrailles, le fruit de ton sol, le fruit de tes troupeaux, les portées de ton gros et de ton menu bétail, toutes ces choses seront bénies. Ta corbeille et ta huche seront bénies.

Tu seras béni à ton arrivée, et tu seras béni à ton départ. L'Éternel te donnera la victoire sur tes ennemis qui s'élèveront contre toi ; ils sortiront contre toi par un seul chemin, et ils s'enfuiront devant toi par sept chemins.

L'Éternel ordonnera à la bénédiction d'être avec toi dans tes greniers et dans toutes tes entreprises. Il te bénira dans le pays que l'Éternel, ton Dieu, te donne. Tu seras pour l'Éternel un peuple saint, comme il te l'a juré, lorsque tu observeras les commandements de l'Éternel, ton Dieu, et que tu marcheras dans ses voies. Tous les peuples verront que tu es appelé du nom de l'Éternel, et ils te craindront.

L'Éternel te comblera de biens, en multipliant le fruit de tes entrailles, le fruit de tes troupeaux et le fruit de ton sol, dans le pays que l'Éternel a juré à tes pères de te donner. L'Éternel t'ouvrira son bon trésor, le ciel, pour envoyer à ton pays la pluie en son temps et pour bénir tout le travail de tes mains ; tu prêteras à beaucoup de nations, et tu n'emprunteras point. L'Éternel fera de toi la tête et non la queue, tu seras toujours en haut et tu ne seras jamais en bas, lorsque tu obéiras aux commandements de l'Éternel, ton Dieu, que je te prescris aujourd'hui, lorsque tu les observeras et les mettras en pratique, et que tu ne te détourneras ni à droite ni à gauche de tous les commandements que je vous donne aujourd'hui, pour aller après d'autres dieux et pour les servir.

Voici Eternel toutes les bénédictions qui se répandent sur nous et qui sont notre partage, lorsque nous obéissons à ta voix notre Dieu : Nous sommes bénis dans la ville, et nous sommes bénis

dans les champs. Le fruit de nos entrailles, le fruit de notre sol, le fruit de nos troupeaux, les portées de nos gros et de nos menus bétails, toutes ces choses sont bénies. Notre corbeille et notre huche sont bénies.

Nous sommes bénis à notre arrivée, et nous sommes bénis à notre départ. Éternel tu nous donnes la victoire sur nos ennemis qui s'élèvent contre nous ; ils sortent contre nous par un seul chemin, et ils s'enfuient devant nous par sept chemins.

Éternel tu ordonnes à la bénédiction d'être avec nous dans nos greniers et dans toutes nos entreprises. Nous sommes bénis dans le pays que tu nous donnes notre Dieu,

Nous sommes pour toi Éternel un peuple saint, comme tu nous l'as juré, lorsque nous observons tes commandements et que nous marchons dans tes voies.

Tous les peuples voient que nous sommes appelés du nom de l'Éternel, et ils nous craignent. Éternel tu nous combles de biens, en multipliant le fruit de nos entrailles, le fruit de nos troupeaux et le fruit de notre sol, dans le pays Eternel que tu as juré à nos pères de nous donner.

Éternel tu nous ouvres ton bon trésor, le ciel, pour envoyer à notre pays la pluie en son temps et pour bénir tout le travail de nos mains ; nous prêtons à beaucoup de nations, et nous n'empruntons point.

Éternel tu fais de nous la tête et non la queue, nous sommes toujours en haut et nous ne sommes jamais en bas, lorsque nous obéissons à tes commandements Éternel notre Dieu, que tu nous prescris aujourd'hui, lorsque nous les observons et les mettons en pratique, et ne nous détournons ni à droite ni à gauche pour aller après d'autres dieux et pour les servir.

SUR TA PAROLE ! **Exode 33 : 14-17** L'Éternel répondit : Je marcherai moi-même avec toi, et je te donnerai du repos. Moïse lui dit : Si tu ne marches pas toi-même avec nous, ne nous fais point partir d'ici. Comment sera-t-il donc certain que j'ai trouvé grâce à tes yeux, moi et ton peuple ? Ne sera-ce pas quand tu marcheras avec nous, et quand nous serons distingués, moi et ton peuple, de tous les peuples qui sont sur la face de la terre ? L'Éternel dit à Moïse : Je ferai ce que tu me demandes, car tu as trouvé grâce à mes yeux, et je te connais par ton nom.

Éternel tu nous dis que tu marches toi-même avec nous, et tu nous donnes du repos... Si tu ne marches pas toi-même avec nous, ne nous fais point partir d'ici. Comment serons-nous donc certains que nous avons trouvé grâce à tes yeux... Ne sera-ce pas quand tu marcheras avec nous, et quand nous serons distingués, moi et ton peuple, de tous les peuples qui sont sur la face de la terre ? L'Éternel dit à Moïse :

Je ferai ce que tu me demandes, car tu as trouvé grâce à mes yeux, et je te connais par ton nom.

SUR TA PAROLE ! **Genèse 12 : 2-3** Je ferai de toi une grande nation, et je te bénirai ; je rendrai ton nom grand, et tu seras une source de bénédiction. Je bénirai ceux qui te béniront, et je maudirai ceux qui te maudiront ; et toutes les familles de la terre seront bénies en toi.

Tu as fait d'Israël une grande nation, et tu les as bénis ; tu as rendu grand leur nom, et ils sont une source de bénédiction. Tu nous bénis nous qui bénissons Israël, et toutes nos familles sont bénies en toi.

SUR TA PAROLE ! **Proverbes 9 : 11** C'est par moi que tes jours se multiplieront, Et que les années de ta vie augmenteront.

C'est par toi que nos jours se multiplieront, Et que les années de notre vie augmenteront.

SUR TA PAROLE ! **Jean 15 : 7** Mais si vous demeurez en moi, et que mes paroles demeurent en vous, demandez ce que vous voudrez, vous l'obtiendrez.

Si nous demeurons en toi Jésus, et que tes paroles demeurent en nous, nous demanderons ce que nous voulons, nous l'obtiendrons.

SUR TA PAROLE ! **Ésaïe 54 : 10** Quand les montagnes s'éloigneraient, Quand les collines chancelleraient, Mon amour ne s'éloignera point de toi, Et mon alliance de paix ne chancellera point, Dit l'Éternel, qui a compassion de toi.

Même si les montagnes s'éloignaient, même si les collines chancelaient, Ton amour ne s'éloignerait point de nous, Et ton alliance de paix ne chancellerait point, c'est ce que tu nous dis Eternel, toi qui as compassion de nous.

SUR TA PAROLE ! **Deutéronome 8 : 18** Souviens-toi au contraire que c'est l'Eternel ton Dieu qui te donne la force de parvenir à la prospérité et qu'il le fait aujourd'hui pour tenir envers toi les engagements qu'il a pris par serment en concluant alliance avec tes ancêtres.

Nous nous souvenons que c'est toi, Eternel notre Dieu qui nous donne la force de parvenir à la prospérité et que tu le fais aujourd'hui pour tenir envers nous les engagements que tu as pris par serment en concluant alliance avec nos ancêtres.

SUR TA PAROLE ! **Proverbes 19 : 21** Il y a dans le cœur de l'homme beaucoup de projets, Mais c'est le dessein de l'Éternel qui s'accomplit.

Nous déclarons que nous vivons la manifestation des desseins et de la gloire de Dieu dans notre vie impactant ainsi le monde dans le nom de Jésus-Christ.

SUR TA PAROLE ! **Josué 23 : 14** …Reconnaissez de tout votre cœur et de tout votre être qu'aucune des promesses de bienfait que l'Eternel votre Dieu vous a faites n'est restée sans effet : elles se sont toutes accomplies pour vous, sans exception aucune.

Nous déclarons que nous reconnaissons de tout notre cœur et de tout notre être qu'aucune des promesses de bienfait que tu nous as faites Eternel notre Dieu n'est restée sans effet : elles se sont toutes accomplies pour nous, sans exception aucune.

SUR TA PAROLE ! **1 Rois 22 : 5** Consulte d'abord l'Eternel, je te prie.

Eternel tu nous demandes de te consulter d'abord.

SUR TA PAROLE ! **Jérémie 29 : 11** Car moi je connais les projets que j'ai conçus en votre faveur, déclare l'Eternel : ce sont des projets de paix et non de malheur, afin de vous assurer un avenir plein d'espérance.

Car Eternel tu connais les projets que tu as conçus en notre faveur, c'est ta déclaration : ce sont des projets de paix et non de malheur, afin de nous assurer un avenir plein d'espérance.

SUR TA PAROLE ! **Psaume 37 : 5** C'est à l'Eternel qu'il te faut remettre tout ton avenir. Aie confiance en lui et il agira.

C'est à toi Eternel que nous remettons tout notre avenir. Nous avons confiance en toi et tu agiras.

SUR TA PAROLE ! **Proverbes 16 : 3** Recommande ton activité à l'Eternel, Et tes projets réussiront.

Eternel nous te recommandons nos activités, Et nos projets réussissent.

SUR TA PAROLE ! Psaume 20 : 5 Qu'il te donne ce que ton cœur désire, et qu'il accomplisse tous tes desseins !

Tu nous donnes ce que nos cœurs désirent et tu accomplis tous nos desseins (en toi).

SUR TA PAROLE ! **Zacharie 4 : 6** …Ce n'est ni par la puissance ni par la force, mais c'est par mon esprit, dit l'Éternel des armées.

Eternel des armées ce n'est ni par la puissance ni par la force, mais c'est par ton esprit.

SUR TA PAROLE ! **Éphésiens 1 : 3** Loué soit Dieu, le Père de notre Seigneur : Jésus le Christ, qui nous a bénis de toutes sortes de bénédictions spirituelles dans les lieux célestes en Christ !

Loué sois-tu notre Dieu, toi le Père de notre Seigneur Jésus le Christ, qui nous a bénis de toute sortes de bénédictions spirituelles dans les lieux célestes en Christ !

SUR TA PAROLE ! **Jean 1 : 16** Nous avons tous été comblés de ses richesses. Il a déversé sur nous une grâce après l'autre ;

Nous sommes comblés de tes richesses. Tu as déversé sur nous une grâce après l'autre ;

SUR TA PAROLE ! **Deutéronome 16 : 15** Pendant sept jours, vous célébrerez la fête en l'honneur de l'Eternel votre Dieu dans le lieu qu'il aura choisi, parce qu'il vous aura béni dans toutes vos récoltes et dans tout le travail que vous entreprendrez, pour que vous soyez tout à la joie.

Nous célébrons la fête en ton honneur Eternel notre Dieu dans le lieu que tu as choisi, parce que tu nous bénis dans toutes nos récoltes et dans tout le travail que nous entreprenons, et nous sommes tout à la joie.

SUR TA PAROLE ! **Malachie 3 : 18** Et vous verrez de nouveau la différence entre le juste et le méchant, Entre celui qui sert Dieu et celui qui ne le sert pas.

Notre Dieu tu promets que nous verrons la différence entre le juste et le méchant, entre celui qui te sert et celui qui ne te sert pas.

SUR TA PAROLE ! **Esaïe 60 : 1-3** Lève-toi, sois éclairée, car ta lumière arrive, et la gloire de l'Eternel se lève sur toi. Voici les ténèbres couvrent la terre, et l'obscurité les peuples ; Mais sur toi l'Eternel se lève, Sur toi sa gloire apparaît. Des nations marchent à ta lumière, Et des rois à la clarté de tes rayons.

Nous nous levons, ta lumière arrive et nous éclaire, et la gloire de l'Eternel se lève sur nous. Voici les ténèbres couvrent la terre et l'obscurité les peuples ; Mais sur nous Eternel tu te lèves, Sur nous ta gloire apparaît. Des nations marchent à ta lumière, Et des rois à la clarté de tes rayons.

SUR TA PAROLE ! **Josué 1 : 5** Nul ne tiendra devant toi, tant que tu vivras. Je serai avec toi, comme j'ai été avec Moïse ; je ne te délaisserai point, je ne t'abandonnerai point.

Nul ne tiendra devant nous, tant que nous vivrons. Tu seras avec nous, comme tu as été avec Moïse ; Tu ne nous délaisseras point, tu ne nous abandonneras point.

SUR TA PAROLE ! **Deutéronome 23 : 14** Car l'Eternel, ton Dieu, marche au milieu de ton camp pour te protéger et pour livrer tes ennemis devant toi ; ton camp sera donc saint, afin que l'Eternel ne voie chez toi rien d'inconvenant et qu'il ne se détourne pas de toi.

Eternel notre Dieu, tu marches au milieu de notre camp pour nous protéger et pour livrer nos ennemis devant nous ; notre camp sera donc saint, afin Eternel que tu ne voies chez nous rien d'inconvenant et que tu ne te détournes pas de nous.

SUR TA PAROLE ! **1 Thessaloniciens 4 : 17-18**
…nous les vivants, qui seront restés, nous serons tous ensemble enlevés avec eux sur des nuées, à la rencontre du Seigneur dans les airs, et ainsi nous serons toujours avec le Seigneur.

Nous les vivants, qui seront restés, nous serons tous ensemble enlevés avec eux sur des nuées, à ta rencontre Seigneur, dans les airs, et ainsi nous serons toujours avec toi Seigneur.

Qu'il nous soit fait selon Ta Parole
Je te fais confiance

Aujourd'hui,
J'ai entendu ta voix (Parole),
Mon cœur n'est pas endurci
Hébreux 3 : 8

Je fais le choix d'accorder de la valeur à ta parole

**Livret 4
Donne-nous aujourd'hui
notre pain quotidien**

AMEN, AMEN, AMEN
LA CERTITUDE DE TON EXAUCEMENT

Nos problèmes, blessures intérieures nous obligent à regarder vers nous, à fixer notre attention sur nos drames. La louange nous conduit à regarder vers Dieu, à le remercier pour ce qu'il est, pour sa Parole, pour ses bontés, pour sa fidélité, pour son amour et nous donne la certitude de son exaucement.

Ton exaucement est certain comme la certitude que tu as de voir le soleil se lever tous les matins pour accomplir sa mission prophétisée par la Parole de Dieu dès le commencement.

Prononçons la Parole, encore et encore la Parole, et : la Parole se fera chair.

"Nous prierons sans cesse"

1 Thessaloniciens 5 : 17

Nous ne nous relâchons pas.

Luc 18 : 1

SUR TA PAROLE ! **Jérémie 1 : 12** Eh bien, je veille sur ma parole pour accomplir ce que j'ai dit ;

Tu veilles sur ta parole pour accomplir ce que tu as dit ;

SUR TA PAROLE ! **Esaïe 58 : 9** Alors tu appelleras, et l'Éternel répondra ; Tu crieras, et il dira : Me voici !

Eternel lorsque nous t'appelons, tu nous réponds ; nous crions, et tu nous dis : me voici !

SUR TA PAROLE ! **Jérémie 29 : 12** Alors vous m'invoquerez et vous viendrez m'adresser vos prières, et je vous exaucerai.

Alors que nous t'invoquons et venons t'adresser nos prières, tu nous exauces.

SUR TA PAROLE ! **Ésaïe 65 : 24** Avant qu'ils m'invoquent, je répondrai ; Avant qu'ils aient cessé de parler, j'exaucerai.

Avant que nous t'invoquions, Tu réponds ; Avant que nous ne cessions de parler, Tu nous exauces.

SUR TA PAROLE ! **Psaume 6 : 10** L'Eternel exauce mes supplications. L'Eternel accueille ma prière.

Eternel tu exauces nos supplications et tu accueilles nos prières.

SUR TA PAROLE ! **1 Pierre 1 : 21** Que votre foi et votre espérance soient en Dieu.

Ma foi et mon espérance sont en toi mon Dieu (mon Papa)

SUR TA PAROLE ! **Romains 8 : 32** Lui, qui n'a point épargné son propre Fils, mais qui l'a livré pour nous tous, comment ne nous donnera-t-il pas aussi toutes choses avec lui ?

Toi, qui n'as point épargné ton propre Fils, que tu as livré pour nous tous, comment ne nous donneras-tu pas aussi toutes choses avec toi ?

SUR TA PAROLE ! **Psaume 28 : 6** Loué soit l'Eternel, car il m'exauce lorsque je le supplie.

Nous te louons Eternel, car tu nous exauces lorsque nous te supplions.

SUR TA PAROLE ! **2 Thessaloniciens 3 :16** Que le Seigneur de la paix vous donne lui-même la paix en tout temps, de toute manière !

Que le Seigneur de la paix nous donne lui-même la paix en tout temps, de toute manière !

SUR TA PAROLE ! **2 Samuel 7 : 25** Eternel Dieu, fais subsister pour toujours la parole que tu as prononcée sur ton serviteur et sur sa maison, et agis selon ta parole.

Eternel Dieu, fais subsister pour toujours la parole que tu as prononcée sur moi ton serviteur et sur ma maison, et agis selon ta parole.

SUR TA PAROLE ! **1 Jean 5 : 14** Voici l'assurance que nous avons auprès de lui : si nous demandons quelque chose selon sa volonté, il nous écoute. Et si nous savons qu'il nous écoute, quoi que ce soit que nous demandions, nous savons que nous possédons ce que nous lui avons demandé.

Voici l'assurance que nous avons auprès de toi : si nous demandons quelque chose selon ta volonté, tu nous écoutes. Et si nous savons que tu nous écoutes, quoi que ce soit que nous te demandions, nous savons que nous possédons ce que nous t'avons demandé.

SUR TA PAROLE ! **Psaume 65 : 6** Par des interventions redoutables, avec justice, Tu nous réponds, Dieu de notre salut,

Par des interventions redoutables, avec justice, Tu nous réponds, Dieu de notre salut,

SUR TA PAROLE ! **2 Samuel 7 : 28** Maintenant, Seigneur Eternel, c'est toi qui es Dieu, tes paroles sont vérité, et tu as annoncé ce bienfait à ton serviteur.

Maintenant, Seigneur Eternel, c'est toi qui es Dieu, tes paroles sont vérité, et tu m'as annoncé ce bienfait à moi ton serviteur.

SUR TA PAROLE ! **Psaume 138 : 7** Oui, l'Eternel achèvera son œuvre en ma faveur.

Oui, Eternel tu achèves ton œuvre en notre faveur.

SUR TA PAROLE ! **Romains 8 : 28** Nous savons en outre que Dieu fait concourir toutes choses au bien de ceux qui l'aiment, de ceux qui ont été appelés conformément au plan divin.

Nous savons en outre notre Dieu, que tu fais concourir toutes choses pour notre bien pour nous qui t'aimons, nous qui avons été appelés conformément à ton plan divin.

SUR TA PAROLE ! **2 Samuel 7 : 29** Car c'est toi, Seigneur Eternel, qui as parlé, et par ta bénédiction la maison de ton serviteur sera bénie éternellement.

Car c'est toi, Seigneur Eternel, qui as parlé, et par ta bénédiction la maison de ton serviteur sera bénie éternellement.

SUR TA PAROLE ! **Josué 3 : 10** A ceci vous reconnaitrez que le Dieu vivant est au milieu de vous.

A ceci nous reconnaitrons que le Dieu vivant (Papa) est au milieu de nous.

Les paroles de notre Père sont esprit et vie.
Jean 6 : 63

Papa, tu as entendu nos prières, tu as vu nos larmes. Ésaïe 38 : 4-5

Tu nous connais par nos noms et nous avons trouvé grâce à tes yeux. Exode 33 : 12

SUR TA PAROLE ! **1 Thessaloniciens 5 : 24** Celui qui vous a appelés est fidèle, et c'est lui qui le fera

C'est toi qui nous as appelés, tu es fidèle, et c'est toi qui le feras (accompliras ce que tu nous as dit)

Tu fais pour nous toute chose bonne en ton temps ; Ecclésiaste 3 : 11

SUR TA PAROLE ! 2 **Jean 1 : 3** La grâce, la miséricorde et la paix seront avec nous de la part de Dieu le Père et de la part de Jésus-Christ, le Fils du Père, dans la vérité et l'Amour.

La grâce, la miséricorde et la paix seront avec nous de ta part notre Dieu le Père et de la part de Jésus-Christ, le Fils du Père (premier né), dans la vérité et l'Amour.

SUR TA PAROLE ! **Philippiens 4 :19** Mon Dieu pourvoira à tous vos besoins selon sa richesse, avec gloire, en Christ-Jésus.

Mon Dieu (mon Papa) pourvoira à tous nos besoins selon sa richesse, avec gloire, en Christ-Jésus.

Nous reconnaissons que l'Eternel, notre Père parle et agit (encore aujourd'hui). Oracle de l'Eternel. Ezéchiel 37 : 14

SUR TA PAROLE ! **1 Pierre 2 : 6** Et celui qui croit en elle ne sera pas confondu.

Nous croyons en ta parole nous ne serons pas confondus.

SUR TA PAROLE ! **1 Thessaloniciens 5 : 16** Soyez toujours joyeux.

Nous sommes toujours joyeux.

SUR TA PAROLE ! **Philippiens 4 : 4** Réjouissez-vous toujours dans le Seigneur ; je le répète, réjouissez-vous.

Nous nous réjouissons toujours dans le Seigneur ; nous le répétons, nous nous réjouissons.

SUR TA PAROLE ! **Philippiens 4 :20** A Dieu notre Père la Gloire aux siècles des siècles. Amen

A Dieu notre Père la Gloire aux siècles des siècles. Amen

Après avoir déclaré, gardez le silence un moment, prenez le temps d'écouter Dieu toujours dans cette atmosphère d'adoration, de reconnaissance et de louange.

Papa tu m'as dit

Qu'il nous soit fait selon Ta Parole

Amen

LE PREALABLE

Recevoir Jésus-Christ comme son Seigneur et Sauveur personnel. Ceci est nécessaire pour ceux qui ne l'ont pas encore accepté, afin qu'ils puissent pleinement expérimenter la parole de notre Père, le créateur.

Mais à tous ceux qui L'ont reçue, à ceux qui croient en Son nom, elle a donné le pouvoir de devenir enfants de Dieu… Jean 1 : 12

Si tu confesses de ta bouche le Seigneur Jésus, et si tu crois dans ton cœur que Dieu l'a ressuscité des morts, tu seras sauvé. Romains 10 : 9

Donne-nous aujourd'hui notre pain quotidien

PRIERE DU SALUT

Ici et maintenant,

Jésus-Christ, je confesse que tu es le fils de Dieu, que tu es mort pour mes péchés et ressuscité d'entre les morts. Romains 10 : 9

Je reconnais que tu as été livré pour mes offenses et ressuscité pour ma justification. Romains 4 : 25

C'est pourquoi, je plaide ton sang pour le pardon et la purification de tous mes péchés. 1 Jean 1 : 9

Je t'accepte Jésus-Christ comme Sauveur et Seigneur de ma vie.

Père céleste, je te rends grâce de ce que tu as fait de moi ton enfant. Jean 1 : 12

Merci Père, de me remplir de Ton Saint-Esprit. Cher Saint-Esprit prend le contrôle total de mon être.

Je confesse que je suis désormais une nouvelle créature, que les choses anciennes sont passées et que toutes choses sont devenues nouvelles.

2 Corinthiens 5 : 17

Amen

Vous n'êtes plus seul : Ne soyez plus seul ! Demandez au Saint-Esprit de vous guider pour vous connecter avec des frères ou sœurs spirituels pour grandir dans la connaissance, vous édifier et enfin contribuer à répandre la bonne nouvelle par l'appel (la vision, appétence, compétences…) que le Père a placé en vous avant votre venue au monde.

Tu connais les projets que Tu as formés sur moi, comme Tu me dis Éternel, projets de paix et non de malheur, afin de me donner un avenir et de l'espérance.
Jérémie 29 : 11

Vous êtes oint : L'Esprit du Seigneur est sur toi, Parce qu'il t'a oint pour annoncer une bonne nouvelle aux pauvres ; Il t'a envoyé pour guérir ceux qui ont le cœur brisé, Pour proclamer aux captifs la délivrance, Et aux aveugles le recouvrement de la vue, Pour renvoyer libres les opprimés. Luc 4 : 18

Nous naissons dans ce monde, nous y vivons et nous y mourrons. Les deux extrémités ne nous appartiennent pas, **mais nous pouvons décider de ce qui se passe entre ces deux extrémités et de ce qui va être le but de notre existence.**

O Père, si tu le veux, écarte de moi cette coupe ! Toutefois, que ta volonté soit faite, et non la mienne. Luc 22 : 42

Du même auteur
Papa tu m'as dit
Qu'il nous soit fait selon Ta Parole

Voici donc comment nous devons prier :

Matthieu 6 : 9

Livret 1 - Notre Père, qui es aux cieux,

Livret 2 - : Que ton nom soit sanctifié ; Jésus-Christ

Livret 3 - : Que ton règne vienne ; que ta volonté soit faite sur la terre comme au ciel. Saint-Esprit

Livret 4 - Donne-nous aujourd'hui notre pain quotidien ;

Livret 5 - : Pardonne-nous nos offenses, comme nous aussi nous pardonnons à ceux qui nous ont offensés ;

Livret 6 - : Ne nous induis pas en tentation, mais délivre-nous du malin.

Livret 7 - : Car c'est à toi qu'appartiennent, dans tous les siècles, le règne, la puissance et la gloire.

Offrez-vous la série

Livret 1 – Dimanche

Livret 2 – Lundi

Livret 3 – Mardi

Livret 4 – Mercredi

Livret 5 – Jeudi

Livret 6 – Vendredi

Livret 7 – Samedi

Que la révélation de tes paroles m'éclaire, qu'elle me donne de l'intelligence à moi qui manque d'expérience. J'ouvre la bouche et je soupire, car j'ai soif de tes commandements. Tourne-toi vers moi et fais-moi grâce comme tu le fais pour ceux qui aiment ton nom ! Affermis mes pas dans ta parole et ne laisse aucun mal dominer sur moi ! Libère-moi de l'oppression des hommes afin que je garde tes décrets ! Fais briller ton visage sur moi ton serviteur et enseigne-moi tes prescriptions ! Psaume 119 : 130

Oui, l'Eternel, tu achèves ton œuvre en ma faveur. Eternel, ton amour dure à toujours. Tu ne m'abandonnes pas moi ta créature ! Psaume 138 : 8

Je crois en ta parole qui m'a été annoncée. Je reconnais ton bras Éternel. Ésaïe 53 : 1

Certainement ces livrets vous édifieront envoyez-nous par mail, audio ou vidéo vos témoignages :

issuemedias@issueassociation.com

Ils l'ont vaincu à cause de la parole de leur témoignage.

Partageons nos expériences personnelles qui édifieront des personnes quelque part dans le monde.

ISBN : 978-2-9578843-6-0

© SKLConcept

Ce livre a été imprimé en Allemagne

Dépôt légal : mai 2022

NOTES

Expression libre

Donne-nous aujourd'hui notre pain quotidien

Donne-nous aujourd'hui notre pain quotidien